John Berger
Mit Hoffnung zwischen den Zähnen

After 'Guernica' (1937) — Beirut, Cana, Tyr (2006)

John Berger

Mit Hoffnung zwischen den Zähnen

Anmerkungen zu Überleben und Widerstand

Aus dem Englischen von Rita Seuß

Verlag Klaus Wagenbach   Berlin

Inhalt

Was jetzt nottut

Die Welt hat sich verändert. Information wird auf neuartige Weise übermittelt, auch die Fehlinformation entwickelt eigene Methoden. Global betrachtet ist die Auswanderung zur wichtigsten Überlebensstrategie geworden. Der Nationalstaat jenes Volkes, das den schlimmsten Genozid der Geschichte erlitten hat, ist, militärisch gesehen, faschistisch geworden. Nationalstaaten allgemein sind heute in ihrer politischen Bedeutung beschränkt und zu Vasallen im Dienst der neuen Weltwirtschaftsordnung herabgestuft. Das visionäre politische Vokabular dreier Jahrhunderte wurde auf den Müll geworfen. Kurzum, heute herrscht wirtschaftlich und militärisch die globale Tyrannei.

Gleichzeitig werden neue Strategien des Widerstands gegen diese Tyrannei entdeckt. Die Rebellen von heute müssen eher eigenständig agieren, als nach Befehl handeln können. Innerhalb der wachsenden Opposition ist an die Stelle einer zentralen Autorität die spontane Zusammenarbeit getreten. Langfristige Konzepte werden zurückgestellt und Zweckallianzen gebildet, um dringende Probleme zu lösen. Die Zivilgesellschaft erlernt die Guerillataktiken des politischen Widerstands und beginnt sie anzuwenden.

Die Sehnsucht nach Gerechtigkeit ist heute allgegenwärtig. Anders gesagt: Kämpfe gegen Ungerechtigkeit, Kämpfe ums Überleben, Kämpfe für Selbstachtung und Menschenrechte sollten nie nur im Hinblick auf ihre unmittelbaren Forderungen, ihre Organisationen oder ihre historischen Konsequenzen betrachtet werden. Sie können nicht auf ›Bewegungen‹ reduziert werden. Eine Bewegung bezeichnet eine Masse von Menschen, die sich kollektiv auf ein bestimmtes Ziel hinbewegen und dieses Ziel entweder erreichen oder verfehlen. Eine solche Definition übergeht oder übersieht jedoch die zahllosen persönlichen Optionen, Begegnungen und Erkenntnismomente, all die Opfer, neuen Sehnsüchte, Kümmernisse und schließlich auch Erinnerungen, die zwar mit der Bewegung entstanden sind, strenggenommen aber nur beiläufig mit ihr zu tun haben.

Das Versprechen einer Bewegung ist ihr künftiger Sieg; die Versprechungen der bewegenden Momente am Wegrand dagegen sind unmittelbar. Zu solchen Momenten zählt – ob lebenssichernd oder tragisch endend – auch die Erfahrung von Freiheit durch Handeln. (Freiheit ohne Handeln gibt es nicht.) Solche Momente sind transzendent – das, was Spinoza »ewig« nannte – wie kein historisches ›Resultat‹ es jemals sein kann, und sie sind zahlreich wie die Sterne in einem sich ausdehnenden Universum.

Nicht jede Sehnsucht führt zur Freiheit, aber Freiheit ist die Erfahrung einer Sehnsucht, die als solche angenommen und bewusst gewählt wird, um ihr unbeirrt zu folgen. Der Sehnsucht geht es nie um den bloßen Besitz einer Sache, sondern um die Veränderung eines Zustands. Sehnsucht ist Hunger. Hunger nach dem, was jetzt nottut. Freiheit besteht nicht darin, diesen Hunger zu stillen, sondern in der Anerkennung seines Supremats.

Das Unendliche ist heute mit den Armen.

(April 2006)

Sieben Stufen der Verzweiflung

Ich möchte – bloß als Geschichtenerzähler – gern ein paar kurze Anmerkungen zur Diskussion über den Terrorismus machen.

Der Status der einzig verbliebenen Supermacht unterminiert die militärstrategische Intelligenz. Um strategisch zu denken, muss man sich in den Feind hineinversetzen. Erst dann kann man vorausblicken und Täuschungsmanöver, Überraschungs- und Umfassungsangriffe usw. unternehmen. Einen Feind falsch einzuschätzen kann langfristig die Niederlage zur Folge haben – die eigene Niederlage. Auf diese Weise sind schon große Reiche untergegangen.

Entscheidend ist heute die Frage: Was macht einen global agierenden Terroristen und, extremer noch, einen Selbstmordmärtyrer aus? (Ich spreche hier von den anonymen Freiwilligen: Terrorführer sind etwas anderes.) Was jemanden zu einem Terroristen macht, ist, zuallererst, eine Form der Verzweiflung. Genauer gesagt, ein Akt der Grenzüberschreitung, um durch Hingabe des eigenen Lebens dieser Verzweiflung einen Sinn zu geben.

Deshalb ist der Begriff Selbstmord in gewisser Weise unangemessen, denn diese Grenzüberschreitung schenkt dem Märtyrer ein Gefühl des Triumphs. Des Triumphs über die, die er glaubt, hassen zu müssen? Das bezweifle ich. Es ist vielmehr der Triumph über die Untätigkeit, die Verbitterung und das Gefühl des Absurden, das gewissen Tiefen der Verzweiflung entsteigt.

9

Die Erste Welt ist kaum in der Lage, sich diese Verzweiflung vorzustellen. Nicht so sehr aufgrund ihres vergleichsweise großen Reichtums (Reichtum bringt eigene Formen der Verzweiflung hervor), sondern weil die Erste Welt nur Zerstreuung kennt, unablässige Ablenkung. Die Verzweiflung, die ich meine, entsteht aus jenen leidvollen Lebensumständen, die Menschen zwingen, ihre Kräfte zu konzentrieren. Wenn man zum Beispiel jahrzehntelang in einem Flüchtlingslager lebt.

Worin besteht diese Verzweiflung? In dem Gefühl, dass das eigene Leben und das Leben derer, die einem nahestehen nichts zählt. Und dieses Gefühl durchdringt immer mehr Lebensbereiche und wird schließlich allumfassend, total. Berufung einzulegen ist unmöglich, wie im Totalitarismus.

Jeden Morgen auf die Suche gehen
nach etwas Essbarem,
um einen weiteren Tag am Leben zu bleiben.

Aufwachen mit der Gewissheit,
dass es in dieser Rechtswüste
kein Recht gibt.

Die jahrelange Erfahrung,
dass nichts besser,
sondern alles nur noch schlimmer wird.

Die Demütigung,
beinahe nichts ändern zu können,
und sich doch an dieses Beinahe zu klammern,
was nur in eine neue Sackgasse führt.

Die tausend Versprechungen, ein ums andere Mal,
die unerbittlich an
dir und den Deinen vorbeigehen.

Das Beispiel derer, die aufbegehren
und in Staub gebombt werden.

Die Last der getöteten Angehörigen,
eine Last, die
Unschuld für immer ausschließt,
weil es so viele sind.

Das sind die sieben Stufen der Verzweiflung – eine für jeden Tag der Woche –, die bei den Mutigeren die Erkenntnis reifen lässt, die Hingabe des eigenen Lebens im Widerstand gegen diese Mächte, die die Welt dahin gebracht haben, wo sie heute ist, sei die einzige Möglichkeit, ein *Wir* zu beschwören, das größer ist als die Verzweiflung.

Die politisch Verantwortlichen, die sich eine solche Verzweiflung nicht vorstellen können, werden mit ihren Strategien scheitern und sich nur noch mehr Feinde schaffen.

(November 2001)

Unbesiegte Verzweiflung

Wie kann es sein, dass ich immer noch lebe? Meine Antwort lautet, ich lebe, weil sich der Tod im Moment rar macht. Ich sage das mit einem Grinsen, das die Kehrseite einer Sehnsucht nach Normalität, nach einem ganz gewöhnlichen Leben ist.

Überall in Palästina, selbst auf dem Land, findet man sich zwischen Trümmern wieder, durch die man sich kämpfen, die man überklettern oder um die man einen Bogen machen muss. An einem Kontrollpunkt, vor Gewächshäusern, die für Lkws nicht länger erreichbar sind, auf einer beliebigen Straße, unterwegs zu irgendeinem Treffen. Es sind die Trümmer von Häusern und Straßen und der Schutt des alltäglichen Lebens. Es gibt kaum eine palästinensische Familie, die in den letzten fünfzig Jahren nicht zur Flucht gezwungen wurde, und kaum einen Ort, wo die Besatzungstruppen nicht regelmäßig Häuser niederwalzen.

Es gibt auch die Trümmer von Worten – von Worten, die nichts mehr beherbergen, deren Sinn zerstört wurde. Bekanntlich ist die IDF, die Israeli Defence Force, wie die israelische Armee offiziell heißt, heute de facto eine Eroberungsarmee. Sergio Yahni, einer jener bewundernswert couragierten israelischen Refusniks (die den Dienst in der Armee verweigern), schreibt:»Diese Armee hat nicht die Aufgabe, für die Sicherheit der Bürger Israels zu sorgen. Sie soll gewährleisten, dass der Diebstahl palästinensischen Landes auch in Zukunft weitergeht.«

Es gibt auch die Trümmer vernünftiger, von moralischen Prinzipien getragener Worte, die ungehört bleiben. Der Bau israelischer Siedlungen auf palästinensischem Territorium (es gibt heute fast eine halbe Million solcher ›Siedler‹) und die Errichtung der ›Trennzäune‹, einer bis zu acht Meter hohen Betonmauer, wurde von UN-Resolutionen und vom Internationalen Gerichtshof in Den Haag als illegal verurteilt. Die Besatzung geht trotzdem weiter, die Mauer existiert nach wie vor. Jeden Monat schließt sich der Würgegriff der IDF um die Territorien fester. Es ist ein geographischer, wirtschaftlicher und militärischer Würgegriff, der die Bürgerrechte der Bewohner zunehmend einschränkt.

All das geschieht vor unseren Augen, nicht in einem fernen, vom Krieg verwüsteten Winkel der Erde; und die Außenministerien der reichen Länder schauen zu, ohne etwas gegen dieses Unrecht zu unternehmen. »Für uns«, sagt eine palästinensische Mutter an einem Kontrollpunkt, als ein IDF-Soldat hinter ihr eine Tränengasbombe zündet, »für uns ist das Schweigen des Westens schlimmer als die Kugeln von denen da« – dabei macht sie eine Kopfbewegung zu den Panzerwagen.

Mag sein, dass sich die Kluft zwischen den erklärten Prinzipien und der Realpolitik wie ein roter Faden durch die Geschichte zieht. Erklärungen haben oftmals etwas Hochtrabendes. Hier jedoch ist das Gegenteil der Fall. Die Worte sind sehr viel kleiner als die Geschehnisse. Was sich vollzieht, ist die planmäßige Vernichtung eines Volkes und seiner Aussicht auf einen eigenen Staat. Und im Umfeld dieser Vernichtung stehen kleine Worte und ausweichendes Schweigen.

Für die Palästinenser bleibt ein Wort ungeschmälert: *Nakba*, was soviel heißt wie ›Katastrophe‹. Es bezeichnet den erzwungenen Exodus von 700.000 Palästinensern zwischen 1947 und 1949. »Wir haben ein Land aus Worten. Sprich, sprich, damit ich meinen Weg mit einem Stein aus Stein pflastern kann«,[1] schrieb der Dichter Mahmud Darwish. *Nakba* ist seit vier Generationen ein fester Begriff, und er hält sich deshalb so beharrlich, weil die ›ethnische Säuberung‹, die er bezeichnet, von Israel und dem Westen bisher weitgehend geleugnet wurde. Den mutigen Arbeiten kompromissloser (und verfolgter) neuer israelischer Historiker wie Ilan Pappe kommt in diesem Zusammenhang eine entscheidende Bedeutung zu, denn womöglich erreichen sie, dass diese ethnische Säuberung endlich offiziell anerkannt wird. Das könnte diesem Begriff seinen fatalen Klang nehmen und ihn in ein normales, wenn auch tragisches Wort zurückverwandeln.

Hier ist man mit aller Art Trümmern vertraut, auch mit den Trümmern der Worte.

Allzu leicht vergisst man das geographische Ausmaß dieser Tragödie, das selbst Teil der Tragödie geworden ist. Die Westbank mitsamt dem Gaza-Streifen ist kleiner als Kreta (die Insel, von der die Palästinenser in vorgeschichtlicher Zeit gekommen sein könnten). Hier leben dreieinhalb Millionen Menschen, sechsmal so viel wie auf Kreta. Und stets wird diese Fläche systematisch ein Stück verkleinert. Die Städte sind zunehmend überbevölkert, die ländlichen Gebiete zunehmend umzäunt und unzugänglich.

Die Siedlungen breiten sich immer weiter aus, oder es entstehen neue. Straßen nur für die Siedler, die kein Palästinenser benutzen darf, verwandeln alte Verbindungswege in Sackgassen. Kontrollpunkte und umständliche Ausweiskontrollen schränken die Bewegungsfreiheit der meisten

Palästinenser innerhalb des eigenen noch verbliebenen Territoriums erheblich ein. Viele können nicht mehr als zwanzig Kilometer in jede Richtung frei befahren.

Die Mauer schafft Enklaven, beschneidet Gebiete (wenn sie fertig ist, wird die Fläche des noch verbliebenen palästinensischen Landes um fast zehn Prozent kleiner sein), zerstückelt die ländlichen Regionen und trennt Palästinenser von Palästinensern. Ihr Ziel ist es, Kreta in ein Dutzend kleine Inseln aufzuspalten. Die Schlaghammer-Methode, ausgeführt von Bulldozern.

»In der Wüste ist nichts mehr von uns übrig außer dem, was die Wüste für sich behalten hat« (Mahmud Darwish).

Verzweiflung bar jeder Angst, bar jeder Resignation, bar jeden Gefühls der Niederlage führt hier zu einer Art und Weise, der Welt zu begegnen, wie ich sie nie zuvor erlebt habe. Diese Haltung kann sich in sehr unterschiedlicher Weise manifestieren: wenn sich ein junger Mann dem islamischen Dschihad anschließt oder wenn eine alte Frau zwischen den Lücken ihrer wenigen Zähne leise murmelnd Erinnerungen heraufbeschwört; aber auch im Lächeln einer Elfjährigen, hinter dem sich eine in der Verzweiflung gehütete Hoffnung versteckt ...

Diese Art und Weise, der Welt zu begegnen, diese Haltung, wie du es nennst, wie äußert sie sich?

Hör zu ...

In der schmalen Gasse eines Flüchtlingslagers kauern drei Jungen in einer Ecke am Boden und spielen Murmeln. Viele Flüchtlinge in diesem Lager stammen aus Haifa. Die Geschicklichkeit, mit der die Jungen eine Murmel mit dem Daumen schnippen, während ihr Körper unbeweglich bleibt, zeugt von der Vertrautheit mit sehr beengten Räumen.

In derselben Gasse, die schmaler ist als ein Hotelkorridor, befindet sich drei Meter weiter ein Laden für gebrauchte Fahrradteile. Sämtliche Lenkstangen hängen an einem Haken, die Hinterräder an einem anderen, die Sättel an einem dritten. Gäbe es diese Ordnung nicht, könnte man glauben, es handle sich um unverkäuflichen Krempel. Aber die Sachen verkaufen sich.

Gegenüber dem Laden, an der Mauer eines niedrigen Gebäudes mit einer Metalltür steht: »Aus dem Schoß des Lagers wird jeden Tag eine Revolution geboren.« In den beiden Zimmern hinter der Metalltür wohnt ein Lehrer mit seiner Schwester. Er zeigt mir den Fußboden eines weiteren Raumes, der nicht größer ist als zwei Badewannen. Decke und Wände sind eingestürzt. In diesem Zimmer bin ich zur Welt gekommen, sagt er.

Wir kehren in sein jetziges Wohnzimmer zurück. Er deutet auf ein Foto in einem vergoldeten Rahmen an der Wand neben einem offiziellen Porträt Arafats in *keffiyeh*. Das gerahmte Foto hier zeigt meinen Vater als jungen Mann, es wurde in Haifa aufgenommen! Ein Kollege hat mir gesagt, mein Vater besitzt Ähnlichkeit mit dem russischen Dichter Pasternak, was meinen Sie? (Es stimmt tatsächlich.) Er war herzkrank, die *Nakba* hat ihm das Herz gebrochen. Hier in diesem Zimmer ist er gestorben, als ich zwölf war.

Hinter dem Haus mit der Metalltür, gegenüber dem Laden mit den Fahrradteilen, acht Schritte von den Jungen entfernt, die in einer Ecke Murmeln spielen, ist ein Fleck nackter Erde, ein Quadratmeter groß, auf der ein Jasminstrauch wächst. Er hat nur zwei weiße Blüten, denn es ist November. Um ihn herum verstreut ein Dutzend leerer Mineralwasserflaschen aus Plastik, im Vorbeigehen weggeworfen. Mindestens 60 Prozent der Bewohner des Lagers haben keine Arbeit. Die Lager sind Barackensiedlungen. Wenn jemand die Chance bekommt, das Lager zu verlassen, über die Trümmer zu steigen und eine etwas bessere Unterkunft zu finden, kann es geschehen, dass er ablehnt und lieber hier bleibt. Im Lager ist man Teil eines grenzenlosen Körpers, wie ein Finger. Weggehen käme einer Amputation gleich. Das ist die Haltung unbesiegter Verzweiflung.

Hör zu ...

Die Olivenbäume der obersten Terrasse wirken zerzaust; die silbrige Unterseite der Blätter ist deutlicher sichtbar als gewöhnlich, denn gestern wurden die Oliven gepflückt. Im letzten Jahr war die Ernte schlecht, die Bäume waren erschöpft. Dieses Jahr ist es besser. Je nach Stammumfang müssen diese Bäume drei- bis vierhundert Jahre alt sein. Die Terrassen aus trockenem Kalkstein sind wahrscheinlich noch älter.

Ein paar Kilometer weiter im Westen und Süden liegen zwei kürzlich erbaute Siedlungen. Regelmäßig, kompakt, städtisch (die Siedler fahren täglich zur Arbeit nach Israel), unzugänglich. Die beiden Siedlungen ähneln weniger einem Dorf als vielmehr einem riesigen Jeep, dessen Grundfläche groß genug ist, zweihundert Siedler mit Gewehren bequem unterzubringen. Beide sind illegal, beide sind auf Hügeln erbaut, beide haben Aussichtstürme so schlank wie das Minarett einer Moschee. Die eigentliche Botschaft, die sie an das Umland aussenden, lautet: Hände hinter den Kopf, hinter den Kopf, hab ich gesagt, und jetzt ganz langsam rückwärts gehen.

Um die Siedlung im Westen zu bauen mitsamt der Straße, die zu ihr führt, mussten ein paar hundert Olivenbäume gefällt werden. Die Männer auf der Baustelle waren zumeist arbeitslose Palästinenser. Das ist die Haltung unbesiegter Verzweiflung.

Die Familien, die gestern ihre Oliven geerntet haben, stammen aus dem weitläufigen Dorf im Tal hinter den beiden Siedlungen; es hat etwa 3.000 Einwohner. Zwanzig Männer aus dem Dorf sind in israelischen Gefängnissen. Einer wurde vor zwei Tagen entlassen. Mehrere junge Männer haben sich kürzlich der Hamas angeschlossen. Noch viel mehr werden im Januar 2006 für die Hamas stimmen. Alle Kinder haben Spielzeugpistolen. Alle jungen Großmütter, die sich fragen, was aus den Hoffnungen geworden ist, die sie einst gehegt haben, nicken ihren Söhnen, Schwiegertöchtern und Neffen aufmunternd zu und sind jede Nacht in Sorge. Das ist die Haltung unbesiegter Verzweiflung.

Als Arafat 2002 in der palästinensischen Hauptstadt Ramallah von der IDF mit ihren Panzern und ihrer Artillerie als Geisel genommen wurde, verwandelte sich sein Hauptquartier, die Muqata, wo er sich aufhielt, in einen gigantischen Trümmerhaufen. Heute, 2005, ein Jahr nach seinem Tod, haben die Palästinenser den Schutt weggeräumt – manche hätten den Geröllhaufen gern als Ort der historischen Erinnerung bewahrt –, und der viereckige Innenhof ist so kahl wie ein Exerzierplatz. Westlich davon, ebenerdig, markiert eine schmucklose Platte Arafats Grab. Darüber ein Dach, das an die Gleisüberdachung eines kleinen Bahnhofs erinnert.

Jeder kann den Weg hierher finden, vorbei an zernarbten Mauern mit Stacheldrahtgirlanden. Vor der Grabplatte stehen zwei Soldaten Wache. Wenn sie nicht wären, könnte man sagen, dass kein anderes Oberhaupt eines (versprochenen) Staates eine zurückhaltendere letzte Ruhestätte hat. Diese Ruhestätte möchte einfach nur bekunden, dass sie existiert, trotz allem! Wenn man bei Sonnenuntergang vor dem Grab steht, verstärkt sich das Schweigen. Arafat trug den Spitznamen ›Die wandelnde Katastrophe‹. Kann ein geliebter Führer jemals untadelig sein? Hat ein solcher Führer nicht immer viele Fehler – keine Schwächen, sondern eklatante Fehler? Ist dies womöglich die Vorbedingung, um ein geliebter Führer zu sein? Unter Arafats Führung trug gelegentlich auch die Palästinensische Befreiungsorganisation PLO dazu bei, Wortschutt aufzuhäufen. Doch seine Fehler waren mit dem Unrecht, das sein Land tagtäglich ertragen musste, unterfüttert wie mit Scheinen, die man sich in die Hosentasche steckt. Und wie sein Land nahm er dieses Unrecht auf sich und trug es, und der Schmerz seines Volkes fand eine Heimat, eine schmerzliche Heimat, in seinen Fehlern. Es sind weder Untadeligkeit noch Strenge, die eine so unerschütterliche Loyalität bewirken, sondern diese Unzulänglichkeit – so wie wir alle unzulänglich sind. Das ist die Haltung unbesiegter Verzweiflung.

Die Stadt Kalkiliya im Nordwesten (50.000 Einwohner) ist ringsum von einer siebzehn Kilometer langen Mauer umgeben, es gibt nur einen einzigen Durchlass. Die einst geschäftige Hauptstraße endet heute im Ödland der Mauer. Infolgedessen ist auch die karge Wirtschaft der Stadt zerstört. Ein Gemüsegärtner schiebt eine Schubkarre Sand vor sich her, den er um die Pflanzen streuen will, bevor der Winter kommt. Vor der Zeit der Mauer hatte er zwölf Beschäftigte. (95 Prozent aller palästinensischen Firmen haben weniger als fünf Mitarbeiter.) Heute beschäftigt er keinen einzigen mehr. Der Verkauf seiner Erzeugnisse ging um neun Zehntel zurück, denn die Stadt ist von der Außenwelt abgeschnitten. Die Samen eines Haufens Lichtnelken wirft er weg, statt sie zu sammeln. Seine großen Hände sind schwer von dem Eingeständnis, dass sie hier fortan nichts mehr zu tun haben.

Schwierig, das Bild einer Mauer zu übermitteln, die einen Landstrich ohne Leben durchzieht. Sie ist das Gegenteil von Trümmern. Sie ist Bürokratie – sorgfältig verzeichnet auf elektronischen Karten, eine Präventivmaßnahme aus lauter Fertigteilen. Sie hat den Zweck, die Schaffung eines palästinensischen Staates zu verhindern. Die Schlaghammer-Methode. Seit man mit dem Bau dieser Mauer begonnen hat, ist die Zahl der Kamikaze-Angriffe nicht nennenswert zurückgegangen. Steht man davor, fühlt man sich klein wie ein Zigarettenstummel. (Die meisten Palästinenser rauchen viel, außer im Ramadan.) Doch merkwürdigerweise wirkt diese Mauer nicht endgültig, nur unüberwindbar.

Wenn sie fertig ist, wird sie das 640 Kilometer lange ausdruckslose Abbild einer Ungleichheit sein. Heute, 2005, ist sie 210 Kilometer lang. Die Ungleichheit zwischen denen, die zur Verteidigung ihrer angeblichen Interessen das ganze Arsenal der neuesten Militärtechnik zur Verfügung haben (Apache-Helikopter, Merkava-Panzer, F-16-Kampfjets usw.), und denen, die nichts haben außer ihrem Namen und die gemeinsame Überzeugung, dass Gerechtigkeit unableitbar ist wie ein Axiom. Das ist die Haltung unbesiegter Verzweiflung.

Vielleicht ist die Mauer Teil derselben kurzsichtigen und repressiven Logik wie das akustische Bombardement mit dröhnenden Überschallknalls, denen die Bewohner von Gaza Nacht für Nacht ausgesetzt sind, während ich schreibe. Die Kampfjets fliegen sehr niedrig und mit Höchstgeschwindigkeit, um die Schallmauer zu durchbrechen und die Nerven derer zu zerrütten, die sich mit ihrem Axiom schlaflos ducken. Aber die Rechnung wird nicht aufgehen.

Eine solche Überlegenheit der militärischen Schlagkraft schwächt die Fähigkeit, intelligente Strategien zu entwickeln. Um strategisch zu denken, muss man sich in seinen Gegner hineinversetzen können, und das ist ausgeschlossen, wenn man sich notorisch überlegen fühlt.

Klettere auf einen Dschebel und schau hinunter auf die Mauer, die weit unten ihr geometrisches Teilungswerk bis an den südlichen Horizont fortsetzt. Hast du den Wiedehopf gesehen? Je länger du hinschaust, desto provisorischer erscheint dir diese Mauer.

In israelischen Gefängnissen sitzen 8.000 politische Häftlinge, 350 von ihnen sind unter achtzehn Jahre alt. Ein Gefängnisaufenthalt ist heute eine ganz normale Lebensphase, die man durchlaufen muss, ein- oder sogar mehrmals. Steinewerfen kann mit zweieinhalb oder mehr Jahren Haft bestraft werden.

Das Gefängnis ist für uns eine Art Ausbildung, eine ungewöhnliche Art der Universität. Der Mann, der das sagt, ist um die Fünfzig, er trägt eine Brille und einen Businesslunch-Anzug. Dort lernt man, wie man lernt. Er ist der jüngste von fünf Brüdern und importiert Kaffeemaschinen. Man lernt, wie man gemeinsam kämpft und wie man unzertrennlich wird. Einiges hat sich in den letzten vierzig Jahren gebessert, dank uns und unserer Hungerstreiks. Das längste bei mir waren zwanzig Tage. Wir haben eine Viertelstunde mehr Bewegung im Freien pro Tag durchgesetzt. In den Gefängnissen für Langzeithäftlinge hatten sie die Fenster zugehängt, damit kein Sonnenstrahl in die Zelle drang. Wir haben ein bisschen Sonnenschein zurückgewonnen. Wir haben es geschafft, dass eine Leibesvisitation weniger pro Tag durchgeführt wird. Ansonsten lesen wir und diskutieren über das, was wir gelesen haben, und bringen einander Fremdsprachen bei. Und wir schließen Bekanntschaft mit einigen der Soldaten und Wärter. Auf der Straße herrscht zwischen uns die Sprache der Gewehrkugeln und der Steine. Da drin ist es anders. Sie sind genauso im Gefängnis wie wir. Der einzige Unterschied ist, dass wir an das glauben, was uns dort hineingebracht hat, sie dagegen in der Regel nicht, weil sie dort nur ihren Lebensunterhalt verdienen. Einige Freundschaften haben so ihren Anfang genommen.

Das ist die Haltung unbesiegter Verzweiflung.

Die Wüste Juda zwischen Jerusalem und Jericho besteht aus Sandstein, nicht aus Sand, und sie ist steil, nicht flach. Im Frühling ist sie teilweise mit wilden Gräsern bedeckt, die den Ziegen der Beduinen als Nahrung dienen. Später im Jahr wachsen hier nur noch Bocksdornsträucher.

Betrachtet man diese Wüste, so merkt man schnell, dass die Landschaft ganz dem Himmel zugewandt ist. Das hat mit der Geologie zu tun, nicht mit der biblischen Geschichte. Die Landschaft breitet sich unter dem Himmel aus wie eine Hängematte. Und wenn es windig ist, wölbt sie sich ähnlich einem geblähten Laken. Mit der Folge, dass der Himmel hier mehr Substanz zu haben scheint, eindringlicher ist als das Land. Der Wind weht dir den Stachel eines Stachelschweins vor die Füße. Es überrascht nicht, dass Hunderte von Propheten, darunter die größten, hier ihre Visionen entwickelt haben.

Das Licht verblasst, und eine Herde von zweihundert Ziegen, begleitet von einem Beduinenhirten auf einem Maultier und seinem Hund, ist auf ihrem abendlichen Abstieg im Zickzack hinunter ins Lager, wo es Wasser zu trinken und etwas Getreide zusätzlich zu fressen gibt. Die Disteln und dicken Wurzeln bieten zu dieser Jahreszeit kaum ausreichend Nahrung.

Das Problem mit den Propheten und ihren endzeitlichen Prophezeiungen ist, dass sie dazu neigen, über das hinwegzusehen, was unmittelbar auf ein Handeln folgt, dass sie die Konsequenzen nicht bedenken. Handeln ist für sie nicht Mittel zum Zweck, sondern symbolisch. Es kann passieren, dass Prophezeiungen die Menschen blind machen für das, was im Augenblick geschieht.

Die Beduinenfamilie unten im Tal bewohnt zwei verlassene Gebäude unweit eines römischen Aquädukts. Zu dieser Tageszeit backt die Mutter Fladenbrot, das tägliche Brot, auf einem heißen Stein. Sieben ihrer Söhne, die hier geboren wurden, beschäftigen sich mit der Herde. Kürzlich hat die IDF der Familie mitgeteilt, sie müsse noch vor dem kommenden Frühjahr von hier verschwinden. Hände hinter den Kopf und rückwärts gehen! Die weiblichen Ziegen sind alle trächtig. Die Trächtigkeit dauert fünf Monate. Wir werden uns damit auseinandersetzen, wenn es soweit ist, sagt einer der Söhne. Das ist die Haltung unbesiegter Verzweiflung.

Eine Weigerung, die unmittelbaren Konsequenzen ins Auge zu fassen. Zum Beispiel die Mauer und die Annexion weiterer palästinensischer Landstriche. Sie kann dem Staat Israel keine Sicherheit geben, sie schafft nur neue Märtyrer.

Zum Beispiel die Kamikaze-Märtyrer. Wenn sie, bevor sie sterben, mit eigenen Augen sehen könnten, was ihre Explosion anrichtet, würden sie vielleicht noch einmal darüber nachdenken, ob ihr so unerschütterlicher Entschluss tatsächlich richtig ist.

Die gottverdammte Zukunft von Prophezeiungen, die alles ignorieren, alles, bis auf den endzeitlichen Moment!

In der Haltung, die ich meine, liegt etwas Besonderes, etwas, wofür es im heutigen postmodernen oder politischen Vokabular kein Wort gibt. Es ist eine Art und Weise des Anteilnehmens, das der zentralen Frage, warum man in dieses Leben hineingeboren ist, ihren Stachel nimmt.

Diese Art und Weise des Anteilnehmens nimmt der Frage ihren Stachel und beantwortet sie nicht mit einem Versprechen, einem Trost oder einem Racheschwur – das ist die Rhetorik der kleinen und großen Führer, die Geschichte machen. Sie beantwortet die Frage auf entwaffnende Weise, trotz der Geschichte. Die Antwort ist kurz – kurz, aber von dauerhafter Gültigkeit. Man ist in dieses Leben hineingeboren, um die Zeit des ›Dazwischen‹ miteinander zu teilen: die Zeit des Werdens, bevor das Sein einen erneut mit unbesiegter Verzweiflung konfrontiert.

(Dezember 2005)

Wo sind wir?

Ich möchte zumindest ein paar Worte über den Schmerz
in der heutigen Welt sagen.

Der Konsumismus, gegenwärtig die mächtigste und alles
beherrschende Ideologie auf dieser Welt, will uns einreden,
der Schmerz sei ein Unfall, gegen den wir uns versichern
könnten. Hier liegt der tiefere Grund für die Mitleidlosig-
keit dieser Ideologie.

Natürlich weiß jeder, dass der Schmerz zum Leben gehört, und jeder möchte ihn vergessen oder relativieren.
Alle Spielarten des Mythos von einem verlorenen Gol-
denen Zeitalter, in dem es den Schmerz noch nicht gab,
sind Versuche, den Schmerz auf dieser Erde zu relativieren.
Dasselbe gilt für die Erfindung der Hölle, dem benachbar-
ten Reich des Schmerzes-als-Bestrafung. Und für die Entdeckung des Opfers. Und später, viel später, auch für das
Prinzip der Vergebung. Man könnte behaupten, dass die
Philosophie mit der Frage begann: Warum gibt es den
Schmerz?

Und doch – nach allem, was darüber gesagt wurde – ist
der Schmerz, heute in der Welt zu leben, in gewisser
Weise eine vollkommen neuartige Erfahrung.

Es ist dunkel, während ich schreibe, obwohl heller Tag
ist. Ein Tag Anfang Oktober 2002. Seit fast einer Woche
schon ist der Himmel über Paris blau. Jeden Tag geht die
Sonne ein wenig früher unter und jeden Tag in gleicher
Pracht. Viele befürchten, dass über kurz oder lang die US-

27

Streitkräfte ihren ›Präventivkrieg‹ gegen den Irak beginnen könnten, um den amerikanischen Ölgesellschaften die Kontrolle über weitere und vermeintlich zuverlässigere Ölvorräte zu sichern. Andere hoffen, dieser Krieg könne vermieden werden. Zwischen den offiziellen Verlautbarungen und den geheimen Erwägungen bleibt alles im Unklaren, denn Lügen ebnen den Raketen den Weg. Ich schreibe dies in der Dunkelheit der Scham.

Mit Scham meine ich nicht individuelle Schuld. Scham, wie ich sie verstehe, ist ein zutiefst menschliches Gefühl, das auf Dauer unsere Fähigkeit zu hoffen außer Kraft setzt und uns daran hindert, nach vorne zu schauen. Wir senken den Blick auf unsere Füße und denken nur noch an den nächsten kleinen Schritt.

Allenthalben – und unter den verschiedensten Lebensbedingungen – fragen sich Menschen: Wo sind wir? Die Frage ist historisch gemeint, nicht geographisch. Was geschieht mit uns? Wohin bringt uns das alles? Was haben wir verloren? Wie sollen wir weitermachen ohne eine plausible Vorstellung von der Zukunft? Warum haben wir jeden Blick auf das verloren, was jenseits unserer eigenen Lebensspanne liegt?

Die gut dotierten Experten antworten: Globalisierung. Postmoderne. Revolution der Kommunikationstechnologie. Wirtschaftsliberalismus. Die Begriffe sind tautologisch und diffus. Auf die bange Frage: Wo sind wir? murmeln die Experten: Nirgendwo!

Wäre es nicht besser, wenn wir sehen und erklären würden, dass wir derzeit ein Chaos erleben, wie es tyrannischer und weitgehender noch nie gewesen ist? Das Wesen dieser Tyrannei zu erfassen ist nicht einfach, denn seine Machtstrukturen (sie reichen von den 200 größten multinationalen Konzernen bis zum Pentagon) sind ineinander verzahnt und doch diffus, diktatorisch und doch ungreifbar, allgegenwärtig und doch ortlos. Die Tyrannei wird *offshore* ausgeübt – nicht nur im Sinne der Steuergesetzgebung, sondern auch im Sinne einer politischen Kontrolle, die außerhalb des jeweiligen politischen Systems ausgeübt wird. Ihr Ziel ist es, die ganze Welt ortlos zu machen. Ihre ideologische Strategie – der gegenüber die Strategie eines bin Laden aus der Welt der Märchen stammt – will das Bestehende so unterminieren, dass alle Bereiche der Wirklichkeit zu einer spezifischen Spielart des Virtuellen zerfallen, aus dessen Reich anschließend – und das ist das Credo der Tyrannei – ein nie versiegender Profitstrom fließt. Das klingt dumm. Tyranneien sind dumm. Diese hier zerstört das Leben des Planeten, den sie beherrscht, und zwar auf allen Ebenen.

Jenseits der Ideologie stützt sich die Macht dieser Tyrannei auf zwei Bedrohungen. Die erste ist die Intervention aus der Luft durch die größte Militärmacht der Welt. Man könnte sie die B-52-Bedrohung nennen. Die zweite ist die skrupellose Überschuldung, der Bankrott und – wenn man sich die gegenwärtigen Produktionsbeziehungen in der Welt vor Augen hält – letztlich der Hungertod. Man könnte sie Null-Bedrohung nennen.

Die Scham beginnt damit, nicht wahrhaben zu wollen, dass viel Leid in der Welt gelindert oder vermieden werden könnte, wenn nur bestimmte realistische und relativ simple Entscheidungen getroffen würden (wir alle wissen das irgendwie, nehmen es aber aus einem Gefühl der Ohnmacht heraus nicht zur Kenntnis). Es besteht heute ein unmittelbarer Zusammenhang zwischen der Vielzahl der Konferenzen und dem Ausmaß des Leids in der Welt.

Hat es irgendjemand verdient, zum sicheren Tod verurteilt zu sein, nur weil er keinen Zugang zu einer medizinischen Behandlung hat, die weniger als zwei Dollar pro Tag kostet? Diese Frage stellte die Direktorin der Weltgesundheitsorganisation im Juli 2002 unter Verweis auf die Aids-Epidemie in Afrika und anderswo, an der in den kommenden achtzehn Jahren schätzungsweise 68 Millionen Menschen erkranken. Über diesen Schmerz, in der heutigen Welt zu leben, spreche ich hier.

Die meisten Analysen und Prognosen zum gegenwärtigen Geschehen werden verständlicherweise innerhalb der einzelnen Fachdisziplinen präsentiert und erörtert: Wirtschaft, Politik, Medienwissenschaft, Gesundheitswesen, Ökologie, nationale Verteidigung, Kriminologie, Bildung usw. In Wirklichkeit sind alle diese Felder ineinander verzahnt und bilden gemeinsam das, was unsere Lebenswelt ausmacht. Oft widerfährt Menschen in ihrem Dasein Unrecht; aber selbst wenn sich dieses Unrecht in getrennte Kategorien einteilen lässt, erleben es die Menschen doch stets gleichzeitig und *unauflöslich* miteinander verknüpft.

Ein aktuelles Beispiel: Die Kurden, die nach Cherbourg geflüchtet sind und denen die französische Regierung das Asyl verweigert hat, so dass ihnen jetzt die Abschiebung in die Türkei droht, sind arm, politisch unerwünscht, ohne Land, erschöpft und ohne Papiere, und sie haben keine Lobby. Und sie erleiden all dies in ein und derselben Sekunde!

Wenn wir verstehen wollen, was geschieht, brauchen wir eine interdisziplinäre Perspektive, die jene institutionell getrennten ›Felder‹ zusammenfügt. Und eine solche

Perspektive muss notwendigerweise (und im ursprünglichen Sinn des Wortes) politisch sein. Die Vorbedingung für politisches Denken im globalen Maßstab liegt darin, die *Einheit* des unnötigen Leids in der Welt zu erkennen.

*

Es ist dunkel, während ich schreibe, aber ich sehe nicht nur die Tyrannei. Sonst hätte ich wahrscheinlich nicht den Mut weiterzuschreiben. Ich sehe, wie die Menschen schlafen, wie sie aufwachen und aufstehen, um einen Schluck Wasser zu trinken, wie sie einander ihre Pläne und Ängste zuflüstern, wie sie sich lieben, beten, etwas kochen, während der Rest der Familie schläft, in Bagdad und in Chicago. (Ja, ich sehe auch die auf immer unbesiegbaren Kurden, von denen 4.000 – mit dem stillschweigenden Einverständnis der Amerikaner – von Saddam Hussein vergast wurden.) Ich sehe Pastetenbäcker in Teheran und die als Banditen geltenden Schafhirten in Sardinien, die bei ihren Tieren schlafen. Ich sehe einen Mann in Berlin-Friedrichshain im Pyjama und mit einer Flasche Bier dasitzen und Heidegger lesen, und er hat die Hände eines Proletariers. Ich sehe ein kleines Boot mit illegalen Einwanderern vor der spanischen Küste bei Alicante. Ich sehe eine Mutter in Mali, ihr Name ist Aya, was so viel bedeutet wie ›Am Freitag geboren‹, und sie wiegt ihr Baby in den Schlaf. In den Ruinen von Kabul sehe ich einen Mann nach Hause gehen, und ich weiß, dass trotz des Schmerzes die Findigkeit der Überlebenden ungebrochen ist. Es ist die Findigkeit des Herumstöberns und Kräftesammelns; und in der List dieser unerschöpflichen Findigkeit liegt ein spiritueller Wert, so etwas wie der Heilige Geist. Davon bin ich überzeugt inmitten dieses Dunkels, auch wenn ich nicht weiß, warum.

Vor etwas mehr als hundert Jahren komponierte Dvořák seine Symphonie *Aus der Neuen Welt*. Sie entstand während seines Aufenthalts in New York als Leiter eines Konservatoriums, und die Arbeit an dieser Symphonie inspirierte ihn achtzehn Monate später, immer noch in New York, zu seinem wunderbaren Cellokonzert. In der Symphonie werden die Horizonte und die sanften Hügel seiner böhmischen Heimat zu den Verheißungen der Neuen Welt. Nicht auftrumpfend, dennoch laut und nachdrücklich, denn es sind die Sehnsüchte der Menschen, die keine Macht haben, die man fälschlicherweise ›einfach‹ nennt und an die sich 1787 die amerikanische Verfassung wandte.

Ich kenne kein anderes Kunstwerk, das so unmittelbar und doch so unnachgiebig (Dvořák war der Sohn eines Bauern, welcher wollte, dass sein Sohn Metzger wird) die Überzeugungen zum Ausdruck bringt, von denen Generationen von Einwanderern getragen waren, die später Bürger der Vereinigten Staaten wurden.

Für Dvořák war die Kraft dieser Überzeugungen untrennbar verbunden mit einer zärtlichen Achtung vor dem Leben, die in den Regierten (nicht den Regierenden) oftmals tief verwurzelt ist. Und in diesem Geist wurde die Symphonie *Aus der Neuen Welt* bei ihrer Uraufführung am 16. Dezember 1893 in der Carnegie Hall auch aufgenommen.

Gefragt nach der Zukunft der amerikanischen Musik, empfahl Dvořák den amerikanischen Komponisten, sich die Musik der Indianer und Schwarzen anzuhören. Die Symphonie *Aus der Neuen Welt* brachte eine grenzenlose Zuversicht zum Ausdruck, die gerade deshalb so einladend wirkt, weil sie auf dem Gedanken der Heimat beruht. Ein utopisches Paradox.

Die Macht in dem Land, das einst zu solchen Hoffnungen beflügelte, ist heute einer Bande von skrupellosen B-52-Verschwörern in die Hände gefallen. Sie sind fanatisch (weil sie alles beschränken wollen außer der Macht des Kapitals), ignorant (weil sie nur die eigene militärische Schlagkraft anerkennen) und scheinheilig (in moralischen Fragen messen sie mit zweierlei Maß, einem für uns und einem für sie selbst).

Wie konnte das geschehen? Wie konnten Bush, Murdoch, Cheney, Kristol, Rumsfeld und andere dahin kommen, wo sie heute sind? Eine rhetorische Frage, auf die es nicht nur eine Antwort gibt, und eine müßige Frage, weil eine Antwort fehlt, die derzeit ihre Macht beschneiden könnte. Aber diese Frage inmitten dieses Dunkels so zu stellen, zeigt, wie ungeheuerlich das ist, was heute geschieht. Ich schreibe über den Schmerz in der Welt.

Wir müssen den Diskurs dieser neuen Tyrannei zurückweisen. Ihre Begriffe sind barer Unsinn. In ihren endlos wiederholten Reden, Verlautbarungen, Pressekonferenzen und Drohungen kommen immer wieder dieselben Begriffe vor: Demokratie, Gerechtigkeit, Menschenrechte, Terrorismus. Aber im Kontext betrachtet, bedeutet jedes Wort genau das Gegenteil dessen, was es einst bedeutet hat.

Demokratie ist ein (kaum jemals verwirklichtes) Verfahren der Entscheidungsfindung; mit Wahlkampf hat sie wenig zu tun. Demokratie enthält das Versprechen, politische Entscheidungen erst dann zu treffen, wenn man sich mit den Regierten beraten hat. Voraussetzung dafür ist, dass die Regierten über die anstehenden Probleme adäquat informiert und die Entscheidungsträger willens und in der

Lage sind, zuzuhören und das, was sie zu hören bekommen zu berücksichtigen. Demokratie ist nicht zu verwechseln mit der ›Freiheit‹, zwischen Ja und Nein zu wählen; auch nicht mit der Veröffentlichung von Meinungsumfragen oder mit Statistiken, in die Menschen gepresst werden. Das ist nur die Vorspiegelung von Demokratie.

Die fundamentalen Entscheidungen, die sich auf das stetig wachsende unnötige Leid in der Welt auswirken, werden einseitig getroffen, ohne öffentliche Konsultation oder Partizipation.

Militär- und Wirtschaftsstrategen haben erkannt, dass die Medien eine Schlüsselrolle spielen – weniger bei der Bekämpfung eines aktuellen Gegners, als vielmehr bei der vorbeugenden Verhinderung von Meuterei, Protesten oder Desertion. Die Manipulation der Medien durch die Tyrannei ist ein Gradmesser ihrer Ängste. Die gegenwärtige Tyrannei lebt in der Furcht vor der Verzweiflung der Welt. Und diese Furcht ist so groß, dass man das Adjektiv ›verzweifelt‹ tunlichst vermeidet, es sei denn, es meint ›gefährlich‹.

Ohne Geld wird jedes grundlegende menschliche Bedürfnis zu einer schmerzlichen Anstrengung.

*

Jede Form des Widerstands gegen diese Tyrannei ist nachvollziehbar. Ein Dialog mit ihr ist unmöglich. Um in rechter Weise zu leben und zu sterben, müssen wir die Dinge beim rechten Namen nennen. Verlangen wir unsere Sprache zurück.

Ich schreibe in Dunkelheit. Im Krieg ist die Dunkelheit auf niemandes Seite, in der Liebe bestärkt sie unser Zusammengehörigkeitsgefühl.

(Oktober 2002)

Krieg gegen den Terrorismus oder
Ein terroristischer Krieg?

Als ich am 11. September 2001 die Bilder im Fernsehen sah, musste ich sofort an den 6. August 1945 denken. Wir in Europa erfuhren von der Bombardierung Hiroshimas am Abend desselben Tages. Was die beiden Ereignisse unmittelbar miteinander verbindet, ist der Feuerball, der ohne jede Vorwarnung aus einem klaren Himmel niederging; der Zeitpunkt der Angriffe in den Morgenstunden, als die Bevölkerung der jeweils ins Visier genommenen Stadt auf dem Weg zur Arbeit war, die Geschäfte öffneten und der Schulunterricht begann. Hier wie dort verwandelte sich alles in Staub, Körper wirbelten durch die Luft und wurden zu Schutt und Asche. Hier wie dort Fassungslosigkeit und Chaos angesichts einer neuen Vernichtungswaffe, die erstmals zum Einsatz kam – die Atombombe vor sechzig Jahren und ein Passagierflugzeug im Herbst 2001. Und hier wie dort im Epizentrum der Zerstörung auf allen Dingen und auf jedem Körper ein dicker Mantel aus Staub.

Was den Kontext und das Ausmaß der Zerstörung angeht, sind die Unterschiede natürlich gewaltig. In Manhattan war der Staub nicht radioaktiv. 1945 führten die Vereinigten Staaten schon seit drei Jahren einen erbitterten Krieg gegen Japan. Aber beide Angriffe waren als Bekanntmachungen geplant.

Als Zeitzeuge dieser Ereignisse wusste man, dass die Welt von nun an nicht mehr dieselbe sein würde; die Gefahren, denen jedes Leben ausgesetzt ist, hatten sich am Morgen jenes neuen, wolkenlosen Tages verändert. Die Atombomben, die auf Hiroshima und Nagasaki fielen, gaben bekannt, dass die Vereinigten Staaten von nun an die erste Militärmacht der Welt waren. Die Anschläge des 11. September gaben bekannt, dass diese Macht auf ihrem eigenen Boden nicht länger unverwundbar war. Die beiden Ereignisse markieren den Beginn und das Ende einer bestimmten historischen Epoche.

Präsident Bush und seine prompte Antwort auf den 11. September, sein sogenannter ›Krieg gegen den Terror‹, der zuerst ›Infinite Justice‹ hieß und später in ›Enduring Freedom‹ umgetauft wurde, beschworen Kommentare und Analysen herauf, und die schärfsten und besorgtesten, die ich las und hörte, stammten von US-amerikanischen Staatsbürgern. Der Vorwurf des ›Antiamerikanismus‹ gegen all diejenigen von uns, die den derzeitigen Entscheidungsträgern in Washington heftig widersprechen, ist so kurzsichtig wie die kritisierte Politik. Es gibt zahllose antiamerikanische US-Bürger, mit denen wir einig sind.

Es gibt aber auch viele US-Bürger, die diese Politik befürworten. Zu ihnen zählen auch jene sechzig Intellektuellen, die eine Erklärung unterzeichneten, um zu definieren, was ein ›gerechter‹ Krieg im Allgemeinen sei und weshalb die konkrete Operation ›Enduring Freedom‹ in Afghanistan und der gegenwärtige Krieg gegen den Terrorismus gerechtfertigt seien.

Die Unterzeichner argumentierten, ein Krieg sei dann gerecht und moralisch gerechtfertigt, wenn er das Ziel ver-

36

folge, die Unschuldigen vor den Bösen zu beschützen. Sie zitierten den heiligen Augustinus. Und sie fügten hinzu, ein solcher Krieg müsse die Immunität der Nichtkombattanten so weit wie möglich respektieren.

Wenn man diesen Text ganz naiv liest (natürlich wurde er weder spontan noch naiv geschrieben), erweckt er den Eindruck, hier hätte sich ein Kreis besonnener, gelehrter und zurückhaltender Experten mit Zugang zu einer gut ausgestatteten Bibliothek (und womöglich zu einem Swimmingpool für ein Bad zwischen zwei Sitzungen) in Ruhe und Muße versammelt, ihre Bedenken erörtert und schließlich zu einer Einigung gefunden, um ihre wohlerwogene Beurteilung der Lage zu präsentieren. Der Text erweckt auch den Eindruck, als habe dieses Treffen in einem mythischen (nur per Hubschrauber zugänglichen) Sechs-Sterne-Hotel stattgefunden, das auf einem weitläufigen Gelände liegt, umgeben von hohen Mauern mit Wachposten und Kontrollpunkten. Kein Kontakt zwischen den Denkern und der einheimischen Bevölkerung, und sei er noch so sporadisch. Keine zufälligen Begegnungen. Das reale historische Geschehen und das, was sich heute jenseits der Hotelmauern abspielt, bleiben ausgesperrt und unbekannt. Eine Ethik für den abgeschirmten Luxustourismus.

Zurück zum Sommer 1945. Sechsundsechzig der größten Städte Japans brannten nach Luftangriffen mit Napalmbomben völlig nieder. In Tokio wurden eine Million Zivilisten obdachlos, 100.000 weitere starben. Generalmajor Curtis Lemay zufolge, dem Verantwortlichen für den Abwurf der Brandbomben auf die japanischen Städte, waren sie »zu Tode verbrannt, gekocht und gebraten worden«. Präsident Franklin D. Roosevelts Sohn und enger Vertrauter erklärte, die Bombenangriffe sollten so lange fortgeführt werden, »bis wir etwa die Hälfte der japanischen Zivilbevölkerung vernichtet haben«. Am 18. Juli telegraphierte der japanische Kaiser an Präsident Truman, Roosevelts Nachfolger, und bat erneut um Frieden. Die Botschaft blieb ungehört.

Wenige Tage vor der Bombardierung Hiroshimas brüstete sich Vizeadmiral Radford, Japan werde »am Ende ein Land ohne Städte sein – ein Volk von Nomaden«.

Die Bombe, die über einem Krankenhaus mitten in der Stadt explodierte, tötete 100.000 Menschen sofort, 95 Prozent von ihnen waren Zivilisten. Weitere 100.000 starben einen qualvollen Tod durch die Brandverletzungen und die Folgen radioaktiver Verstrahlung.

»Vor sechzehn Stunden«, verkündete Präsident Truman, »warf ein amerikanisches Flugzeug eine Bombe auf Hiroshima ab, einen wichtigen japanischen Militärstützpunkt.«

Einen Monat später beschrieb der unerschrockene australische Journalist Wilfred Burchett in dem ersten unzensierten Bericht das verheerende Leiden, das er in einem Behelfskrankenhaus der Stadt gesehen hatte.

General Groves, militärischer Leiter des Manhattan-Projekts zur Entwicklung und zum Bau der Bombe, beeilte sich, die Kongressabgeordneten zu beruhigen. Radioaktivität, so erklärte er, verursache kein »unnötiges Leiden«, vielmehr sei es, wie gesagt werde, »eine sehr angenehme Art zu sterben«.

1946 kam der US Strategic Bombing Survey in seiner Untersuchung über die Folgen der Bombardements im Zweiten Weltkrieg zu dem Ergebnis, Japan »hätte auch dann kapituliert, wenn keine Atombomben abgeworfen worden wären ...«.

*

Eine Abfolge von Ereignissen so knapp zu beschreiben, wie ich es hier getan habe, muss zwangsläufig zu groben Vereinfachungen führen. Das Manhattan-Projekt wurde 1942 gestartet, als Hitler triumphierte und die Gefahr bestand, die Forscher in Deutschland könnten als Erste Atomwaffen herstellen. Dass sich die Vereinigten Staaten zum Abwurf zweier Atombomben auf Japan zu einem Zeitpunkt entschlossen, als diese Gefahr nicht mehr bestand, muss im Zusammenhang mit den Gräueltaten der japanischen Streitkräfte in Südostasien und dem Überraschungsangriff auf Pearl Harbor im Dezember 1941 gesehen werden. Amerikanische Kommandeure und auch Wissenschaftler, die am Manhattan-Projekt mitarbeiteten, versuchten, Trumans verhängnisvoller Entscheidung entgegenzutreten oder sie hinauszuzögern.

Und doch konnte Japans bedingungslose Kapitulation am 14. August letztlich nicht als der ersehnte Sieg gefeiert werden; dies geschah auch nicht. Denn im Zentrum dieses Sieges lag Schmerz – und eine Blindheit, die blind machte.

(Juni 2002)

Nachdenken über die Angst

»Wenn wir keinen Erfolg haben,
laufen wir Gefahr zu scheitern.«
George W. Bush

Bagdad ist gefallen. Die Stadt wurde von den Truppen eingenommen, die ihr die Freiheit brachten. In den von Wehklagen erfüllten Krankenhäusern drängen sich verbrannte und verstümmelte Zivilisten, viele von ihnen Kinder und allesamt Opfer der computergesteuerten Raketen, Granaten und Bomben, die von den Befreiern der Stadt abgefeuert wurden. Die Statuen Saddam Husseins wurden gestürzt. Nun schlägt Mr. Rumsfeld bei einer Pressekonferenz vor, als nächstes Land Syrien zu befreien.

Am Tag der Einnahme Bagdads kam morgens in aller Frühe eine E-Mail von einem Freund, einem Maler. »Es fällt schwer, die heutige Welt anzuschauen, und noch viel schwerer, über sie nachzudenken.« Wir alle können uns in diesem *Cri de cœur* wiedererkennen – trotzdem: Denken wir nach!

Der Anblick eines vertrauten Bergs vermittelt manchmal einzigartige Erfahrungen. Das hängt zusammen mit einem ganz speziellen Licht, einer bestimmten Temperatur, dem Wind, der Jahreszeit. Selbst wenn man sieben Leben hätte,

41

würde man diesen Berg kein zweites Mal so sehen; sein Anblick ist so unwiederbringlich wie der flüchtige Blick über einen Tisch beim Frühstück. Ein Berg bleibt unverrückbar an seinem Ort, man könnte fast sagen, er sei unsterblich, aber wer mit diesem Berg vertraut ist, dem zeigt er sich jedesmal anders. Er besitzt ein anderes Zeitmaß.

Jeder Tag – und jede Nacht – des derzeitigen Kriegs im Irak ist anders, anders in seinen Leiden, seinen Widerstandshandlungen, seinen Dummheiten. Und doch bleibt es ein und derselbe Krieg, ein Krieg, der, bevor er begann, fast überall auf der Welt als eine unerhört zynische Aggression betrachtet wurde (zwischen den erklärten hehren Prinzipien und den wahren Absichten klafft ein Abgrund) – ein Krieg, der geführt wurde, um eines der weltgrößten Ölvorkommen unter die eigene Kontrolle zu bringen. Um neue Waffen wie die Mikrowellenbombe zu testen, erbarmungslose Vernichtungswaffen, die die Hersteller dem Pentagon kostenlos zur Verfügung stellen, in der Hoffnung, Großaufträge für künftige Kriege abzuschließen. Zuerst und vor allem aber wird dieser Krieg geführt, um der gegenwärtig zersplitterten, wenngleich globalisierten Welt zu demonstrieren, was ›Shock and Awe‹, Schock und Einschüchterung, ist!

Man kann es auch weniger rhetorisch ausdrücken. Dieser Krieg, der gegen den Widerstand der Vereinten Nationen begonnen wurde, hat vorrangig das Ziel, zu demonstrieren, was mit einem politischen Führer, einem Land, einer Gemeinschaft oder einem Volk geschieht, die sich US-amerikanischen Interessen nicht fügen wollen. Schon vor der Wahl Bushs und vor den Terroranschlägen vom 11. September 2001 wurde in korporativen und operativen Planungszirkeln anhand von Vorschlägen und Memoranden die unerlässliche Notwendigkeit einer solchen Demonstration erörtert. Der Ausdruck ›US-amerikanische Interessen‹ könnte Verwirrung stiften. Denn gemeint sind nicht die ureigenen Interessen der US-Bürger, seien sie arm oder wohlhabend, sondern die Interessen der multinationalen Konzerne, die oft von US-amerikanischem Kapital beherrscht und jetzt, falls nötig, von US-amerikanischen Streitkräften verteidigt werden.

Nach dem 11. September ist es Rumsfeld, Cheney, Rice, Wolfowitz, Perle und Co. gelungen, der Debatte über die Rechtmäßigkeit und letztlich auch die Effizienz einer solch bedrohlichen Machtanwendung einen Riegel vorzuschieben. Sie haben sich die Angst zunutze gemacht, die durch die Anschläge auf die Zwillingstürme ausgelöst wurde, und versucht, Medien und Öffentlichkeit zur Unterstützung einseitig beschlossener Präventivschläge gegen jedes Ziel einzuspannen, das sie als terroristisch bezeichnen. Mit der Folge, dass der Weltmarkt, zum feinen Faden gesponnen, in den Stoff der Stars and Stripes eingewoben und die Profitmacherei (für die wenigen, die es können) zum einzigen unveräußerlichen Recht erklärt wird.

»Terrorismus ist der Krieg der Armen, Krieg der Terrorismus der Reichen«, bemerkte einmal der Schriftsteller und Schauspieler Peter Ustinov mit lakonischer Klarsicht.

Obwohl die Behauptung, der Irak verfüge nach wie vor über Massenvernichtungswaffen, zur Rechtfertigung der Invasion diente, hat es vielleicht noch nie einen Krieg gegeben, in dem das militärische Ungleichgewicht so groß war. Auf der einen Seite Satellitenüberwachung rund um die Uhr, B-52-Bomber, Tomahawk-Raketen, Clusterbomben, Granaten mit abgereichertem Uran und computergestützte Waffen, die technisch so ausgeklügelt sind, dass sie zu den Gedankenspielen (und dem faktischen Traum) eines Kriegs ohne Feindkontakt Anlass geben; auf der anderen Seite Sandsäcke, ältere Männer, Pistolen aus ihrer Jugendzeit schwenkend, und ein kleines Häufchen Fedajin in zerrissenen Hemden und Turnschuhen, bewaffnet mit ein paar Kalaschnikows. Ein Großteil der konventionell bewaffneten Truppen der Republikanischen Garde wurde schon in der ersten Woche niedergebombt. Das Verhältnis der getöteten irakischen Soldaten zu den getöteten Soldaten der Koalitionstruppen dürfte, ähnlich wie bei der Operation mit dem Logo ›Desert Storm‹, bei etwa 1000:1 liegen.

Die Eroberung Bagdads vollzog sich innerhalb von fünf Tagen, nachdem die Landstreitkräfte den Befehl zum Angriff erhalten hatten. Der obligatorische Sturz der grässlichen Standbilder des Diktators erfolgte nach demselben Muster. Die befreite Bevölkerung hatte nur Hämmer, die US-Soldaten kamen ihnen mit Panzern und Bulldozern zu Hilfe.

Die Geschwindigkeit, mit der die Operation erfolgte, war für die handzahmen, nicht jedoch für die couragierten Journalisten Beweis genug, dass der Einmarsch, wie versprochen, eine Befreiung war! Die Macht hatte demonstriert, dass sie sich im Recht befand! In der Zwischenzeit begannen die Armen Bagdads, denen es nach elf verhängnisvollen Jahren des Embargos an allem fehlte, leer stehende öffentliche Gebäude zu plündern. Das Chaos begann.

*

Kehre zurück zu dem Berg, der einem anderen Zeitmaß folgt, und nimm die Dinge von dort in den Blick. Die Sieger mit ihrer historisch beispiellosen waffentechnischen Überlegenheit – die Sieger, die zwangsläufig Sieger sein mussten, wirkten verängstigt. Nicht nur die Marineinfanterie mit ihren Gasmasken, die man in ein schwieriges Land geschickt hatte, wo sie echte Wüstenstürme erlebten, auch die Sprecher im fernen, behaglichen Pentagon und vor allem die führenden Politiker der kriegsbeteiligten Länder, die im Fernsehen auftraten oder an fernab gelegenen Orten zu konspirativen Beratungen zusammenkamen.

Viele der Fehler, die in der ersten Phase des Krieges begangen wurden – Soldaten, die im ›friendly fire‹ starben; Familien von Zivilisten, die aus geringer Entfernung kurz und klein geschossen wurden (›killing the vehicle‹ nannte man diese Operation) –, waren, wie es hieß, der Hypernervosität geschuldet.

Wir alle können von Furcht und Schrecken übermannt werden, wenn die Angst uns packt. Die Führer der Neuen Weltordnung jedoch haben, wie es scheint, die Angst beständig an ihrer Seite; und ihren Untergebenen, den Kommandeuren und Sergeants, wurde offenbar dieselbe Angst eingetrichtert.

Was sind die Praktiken dieser Partnerschaft? Die Partner der Angst sind Tag und Nacht eifrig darauf bedacht, sich und ihren Untergebenen die richtigen Halbwahrheiten zu erzählen – Halbwahrheiten, die aus der Welt, wie sie ist, etwas machen sollen, was sie nicht ist! Etwa sechs Halbwahrheiten ergeben eine Lüge. Die Folge ist, dass sie den Bezug zur Realität verlieren, während sie doch weiterhin von der Macht träumen und natürlich auch davon, sie auszuüben. Sie müssen ständig neue Schocks bewältigen, während sie aufs Gas drücken. Entschlossenheit heißt ihr Rezept, mit dem sie verhindern, dass Fragen gestellt werden.

Mit der Angst als ständiger Begleiterin können sie den Tod nicht akzeptieren oder einen Ort für ihn finden. Angst hält den Tod auf Abstand, und so lassen die Toten sie im Stich. Sie sind allein auf diesem Planeten – was der Rest der Welt nicht ist. Deshalb sind sie, in Anbetracht all ihres militärischen und sonstigen Potentials, gefährlich. Erschreckend gefährlich. Und aus demselben Grund können sie auch nicht überleben.

Am dreiundzwanzigsten Tag des Krieges eskalierte das Chaos. Das Regime war gestürzt. Saddam Hussein war unauffindbar. Die Luftangriffe setzten ihr Zerstörungswerk fort, wo immer General Tommy Franks es für angemessen hielt. Und in Bagdad und anderen befreiten Städten wurde alles geplündert, gestohlen, zerlegt – nicht nur leer stehende Ministerien, auch Läden, Häuser, Hotels und sogar Krankenhäuser, in die immer mehr hoffnungslos Verstümmelte und Sterbende gebracht wurden. Manche Ärzte in Bagdad versuchten, den medizinischen Betrieb, die Geräte und Medikamente mit dem Gewehr zu schützen. Die Streitkräfte, die die Stadt befreit und traumatisiert hatten, standen verdutzt und nervös da und schauten zu.

Das Szenario für den Sturz der Statuen Saddam Husseins im Jubeltaumel wurde im Pentagon geplant und sorgfältig vorbereitet, denn es enthielt eine Halbwahrheit. Die ganze Wahrheit dessen, was in den Städten geschehen würde, war unvorhersehbar. Herr Minister Rumsfeld bezeichnete das Chaos als bloße »Unordnung«.

Wenn eine Tyrannenherrschaft nicht von der Bevölkerung, sondern von einer anderen Tyrannenherrschaft gestürzt wird, kommt es in der Folge leicht zum Chaos, weil das Volk den Eindruck hat, auch die letzte Hoffnung auf eine soziale Ordnung sei zerstört. Dann gewinnt der individuelle Überlebenswille die Oberhand und die Plünderungen beginnen. So einfach und erschreckend ist das. Doch die neuen Tyrannen haben keine Ahnung, wie sich Menschen in Extremsituationen verhalten. Ihre Angst verhindert diese Einsicht; sie sind allein auf diesem Planeten; sogar die Toten haben sie im Stich gelassen.

(April 2003)

Steine

Eqbal Ahmed, war, glaube ich, ein Mensch, der das Leben als Ganzes sah. Er war klug, schnell und gab sich nicht mit Dummköpfen ab, er kochte gern und war das genaue Gegenteil eines Opportunisten – von jemandem, der das Leben heillos zerstückelt. Ich hatte von seiner Kindheit in Bihar zur Zeit der Teilung Indiens und Pakistans erzählt. Es war eine schriftliche Fassung dessen, was er mir eines Abends in einer Bar in Amsterdam geschildert hatte. Als er las, was ich geschrieben hatte, bat er mich, seinen Namen zu ändern. Was ich tat. Ich wollte erzählen, was ihn im Alter von siebzehn Jahren veranlasst hatte, ein Revolutionär zu werden. Nun, da er tot ist, gebe ich ihm seinen Namen zurück.

Unter dem Eindruck der Schriften Frantz Fanons, insbesondere von *Die Verdammten dieser Erde*, engagierte er sich in verschiedenen Befreiungskämpfen, auch dem der Palästinenser. Ich weiß noch, wie er mir von Dschenin erzählte. Gegen Ende seines Lebens gründete Eqbal in Pakistan eine freie Universität, benannt nach dem großen Philosophen Ibn Chaldun aus dem 15. Jahrhundert, der die Disziplin der Soziologie schon entdeckt hatte, bevor es sie gab.

Eqbal lernte früh, dass Trennungen im Leben unvermeidlich sind. Das wusste jeder, bevor die Kategorie des Tragischen als Unsinn abgetan wurde. Eqbal aber kannte und akzeptierte das Tragische. Und deshalb investierte er viel von seiner erstaunlichen Energie, um Kontakte zu schließen, die nach der unvermeidlichen Trennung eine Chance hatten zu überdauern: Freundschaften, politische Solidarität und militärische Loyalität, Gedichte, die man miteinander teilt, und Gastfreundschaft. Ich erinnere mich noch an das Essen, das er kochte.

Ich hatte nicht damit gerechnet, Eqbal in Ramallah zu begegnen. Doch merkwürdigerweise war in dem ersten Buch, das ich dort in die Hand nahm und aufschlug, ein Foto von ihm auf der dritten Seite. Nein, ich hatte nicht nach ihm gesucht. Und doch war er an meiner Seite, als ich beschloss, die Stadt zu besuchen, und er schickte mir eine Nachricht, die wie eine SMS auf dem winzigen Bildschirm meiner Einbildungskraft erschien.

Sieh dir die Steine an!, lautete diese Botschaft.

Okay, antwortete ich, die Steine. Auf meine Art.

Manche Bäume, insbesondere die Maulbeer- und die Mispelbäume, erzählen heute noch davon, was Ramallah vor langer Zeit, in einem anderen Leben, vor der *Nakba*, der Katastrophe von 1948, für die Wohlhabenden gewesen ist: eine Stadt der Ruhe und Muße, ein Rückzugsort für die Bewohner des nahegelegenen Jerusalem während der heißen Monate, eine Sommerfrische.

Lang ist es her, da pflanzten frischverheiratete Paare in den Gärten Ramallahs Rosen als gutes Omen für eine gemeinsame Zukunft. Der Boden des Schwemmlands bekam den Rosen.

Im Zentrum von Ramallah, nunmehr Hauptstadt der Palästinensischen Behörde, gibt es heute keine Mauer, an der nicht die Bilder der Toten kleben – Fotos von ihnen, als sie noch am Leben waren, gedruckt als kleine Plakate.

Die Toten sind die Märtyrer der Zweiten Intifada, die im September 2000 begann. Als Märtyrer gelten alle, die von der israelischen Armee und den Siedlern getötet wurden, und all diejenigen, die sich bei Gegenangriffen als Selbstmordattentäter opferten. Ihre Gesichter machen die ausdruckslosen Mauern der Straßen zu etwas so Intimem wie einer Brieftasche mit persönlichen Bildern und Dokumenten. Die Brieftasche besitzt ein Fach für den maschinenlesbaren Ausweis, der vom israelischen Sicherheitsdienst ausgestellt wird und ohne den ein Palästinenser nicht einmal ein paar Kilometer weit reisen kann, und ein anderes Fach für die Ewigkeit. Die Mauern zwischen den Plakaten sind von Gewehrkugeln und Granatsplittern zernarbt.

Da ist eine alte Frau, die in einigen Brieftaschen vielleicht die Großmutter ist. Da sind Jugendliche, noch halbe Kinder, da sind viele Väter. Wenn man hört, wie sie den Tod fanden, wird einem bewusst, was Armut bedeutet. Armut zwingt zu den härtesten Entscheidungen, die zu beinahe nichts führen. Armut bedeutet, mit diesem *Beinahe* zu leben.

Die meisten Jugendlichen, deren Gesichter auf den Mauern zu sehen sind, kamen in Flüchtlingslagern, armselig wie Barackensiedlungen, zur Welt. Sie verließen früh die Schule, um Geld für ihre Familie zu verdienen oder dem Vater zu helfen, falls er eine Arbeit hatte. Der eine oder andere träumte davon, ein Fußballstar zu werden. Viele bauten Katapulte aus Holz samt ineinander verdrehten Seilen und geflochtenem Leder, um Steine auf die Besatzungsarmee zu schleudern.

Jeder Vergleich zwischen den in diesen Kämpfen verwendeten Waffen führt uns erneut vor Augen, was Armut bedeutet. Auf der einen Seite Apache- und Cobra-Helikopter, F-16-Kampfjets, Abrams-Panzer, Humvee-Geländewagen, elektronische Überwachungssysteme, Tränengas; auf der anderen Seite Katapulte, Steinschleudern, Mobiltelefone, schäbige Kalaschnikows und zumeist selbstgebaute Sprengkörper. Dieser ungeheure Kontrast verdeutlicht das, was ich zwischen diesen Mauern des Leidens und Schmerzes spüre, ohne es in Worte fassen zu können. Wäre ich ein israelischer Soldat, ich würde dieses Etwas fürchten, und wäre ich noch so gut bewaffnet. Vielleicht lässt es sich mit den Worten des Dichters Mourid Barghouti beschreiben: »Die Lebenden werden alt, aber Märtyrer werden jünger.«

Drei Geschichten, die diese Mauern erzählen.

Husni al-Nayjar, vierzehn Jahre alt. Er half seinem Vater in der Schweißerei. Beim Steinewerfen wurde er von einer Kugel tödlich in den Kopf getroffen. Auf dem Foto ist sein Blick ruhig und fest in die Ferne gerichtet.

Abdelhamid Kharti, vierunddreißig Jahre alt. Maler und Schriftsteller. Als junger Mann machte er eine Ausbildung zum Krankenpfleger. Er arbeitete als Freiwilliger bei einem medizinischen Notfalldienst zur Rettung und Behandlung der Verwundeten. Seine Leiche wurde in der Nähe eines Kontrollpunkts gefunden, nach einem Abend, an dem es keine Kämpfe gegeben hatte. Man hatte ihm die Finger abgeschnitten. Ein Daumen hing noch an der Hand. Ein Arm, eine Hand und sein Kiefer waren gebrochen. In seinem Körper steckten zwanzig Kugeln.

Muhammad al-Durra, zwölf Jahre alt, lebte im Lager Breij. Er und sein Vater waren auf dem Heimweg, als sie am Kontrollpunkt Netzarim in Gaza aufgefordert wurden, aus dem Auto zu steigen. Die Soldaten hatten bereits das Feuer eröffnet. Vater und Sohn gingen sofort hinter einer Betonmauer in Deckung. Der Vater machte sich durch Winken bemerkbar und wurde in die Hand geschossen. Etwas später wurde Muhammad am Fuß getroffen. Der Vater warf sich jetzt schützend auf seinen Sohn. Weitere Schüsse trafen beide, der Sohn wurde getötet. Die Ärzte entfernten acht Kugeln aus dem Körper des Vaters, aber er war so schwer verletzt, dass er gelähmt blieb und nicht mehr arbeiten konnte. Er ist arbeitslos. Der Vorfall wurde zufälligerweise gefilmt, die Geschichte ging um die Welt.

Ich möchte für Abdelhamid Kharti eine Zeichnung machen. In aller Frühe brechen wir zu dem Dorf Ain Kinya auf, hinter dem in der Nähe eines Wadi ein Beduinenlager ist. Die Sonne hat noch keine Kraft. Die Ziegen und Schafe grasen mehr oder weniger zwischen den Zelten. Ich habe beschlossen, die Hügel im Osten zu zeichnen. Ich setze mich auf einen Stein neben einem kleinen schwarzen Zelt, nur mit einem Notizheft und diesem Füllfederhalter. Der weggeworfene Plastikbecher am Boden bringt mich auf die Idee, aus dem Rinnsal der Quelle Wasser zu holen und es, falls nötig, in meine Tinte zu mischen.

Nachdem ich eine Weile gezeichnet habe, kommt ein junger Mann auf mich zu (natürlich sind alle für mich unsichtbaren Bewohner des Lagers längst auf mich aufmerksam geworden), öffnet den Eingang zum Zelt hinter mir und kommt mit einem klapprigen weißen Plastikschemel heraus, der, so gibt er mir zu verstehen, vielleicht bequemer ist als der Stein. Vermutlich war der Schemel aus einer Konditorei oder Eisdiele ausrangiert und auf die Straße gestellt worden. Ich danke dem jungen Mann.

Und im Beduinenlager auf diesem Gästeschemel sitzend, während die Sonne immer heißer wird und die Frösche in dem fast ausgetrockneten Flussbett zu quaken beginnen, fahre ich fort zu zeichnen.

Auf einem Hügel, wenige Kilometer zu meiner Linken, liegt eine israelische Siedlung. Sie wirkt militärisch, als sei sie Teil einer Waffe, zum schnellen Einsatz bestimmt. Doch sie ist klein und weit entfernt.

Der nahe Kalksteinhügel unmittelbar vor mir sieht aus wie der Kopf eines riesigen schlafenden Tieres, die Steine darauf verstreut wie Kletten in seinem verfilzten Fell. Plötzlich entmutigt, weil ich keine Pigmentfarbe habe, gieße ich Wasser aus dem Becher in den Staub zu meinen Füßen, tauche den Finger in den Brei und streiche Farbe über die Zeichnung des Tierkopfes. Die Sonne ist heiß geworden. Ein Maultier schreit. Ich blättere die Seiten meines Notizhefts um und beginne von vorn und noch einmal von vorn. Nichts scheint gelungen. Als der junge Mann schließlich zurückkommt, will er meine Zeichnungen sehen.

Ich halte ihm das aufgeschlagene Notizheft hin. Er lächelt. Ich blättere auf die nächste Seite. Seine Hand bewegt sich. Das ist von uns, sagt er, unser Staub! Er zeigt auf meinen Finger, nicht auf die Zeichnung.

Dann schauen wir beide zum Hügel.

Ich bin nicht bei den Eroberten, sondern bei den Besiegten, vor denen die Sieger Angst haben. Die Zeit der Sieger ist stets kurz, die der Besiegten dagegen auf unerklärliche Weise lang. Auch ihr Raum ist ein anderer. Alles in diesem begrenzten Land ist eine Frage des Raumes, und das haben die Sieger verstanden. Ihr Würgegriff ist zunächst und vor allem räumlich. Illegal und im Verstoß gegen das Völkerrecht wird er ausgeübt durch die Kontrollpunkte; durch die Zerstörung alter Straßen; durch die neuen Umgehungsstraßen, die ausschließlich den israelischen Siedlern vorbehalten sind; durch die befestigten Siedlungen auf den Bergkuppen, die in Wirklichkeit die Plateaus im Umland überwachen und kontrollieren; durch die Ausgangssperre, die die Menschen zwingt, Tag und Nacht in ihren Häusern zu bleiben, bis die Sperre aufgehoben wird. Beim Einmarsch in Ramallah vergangenes Jahr dauerte die Ausgangssperre sechs Wochen; an manchen Tagen wurde sie für ein paar Stunden aufgehoben, damit die Leute einkaufen konnten. Es blieb nicht einmal genügend Zeit, um diejenigen zu begraben, die in ihrem Bett gestorben waren.

Der israelische Architekt und Dissident Eyal Weizman hat in seinem Buch *Hollow Land. Israel's Architecture of Occupation* dargelegt, dass diese totale Raumkontrolle schon mit den Entwürfen der Stadtplaner und Architekten beginnt. Die Gewalt beginnt, lange bevor die Panzer und Jeeps kommen. Er spricht von einer »Politik der Vertikalität«, mit deren Hilfe die Besiegten sogar noch ›zu Hause‹ buchstäblich *überwacht* und *untergraben* werden.

Die Auswirkungen auf das Alltagsleben sind unerbittlich. Wer sich morgens vornimmt: »Ich will heute den und den besuchen«, muss innehalten und überlegen, wie viele Grenzsperren er bei seinem ›Ausflug‹ passieren muss. Der Bewegungsspielraum der einfachsten alltäglichen Entscheidungen ist eingeschränkt, Vorder- und Hinterbein sind zusammengebunden.

Weil außerdem die Sperren fast jeden Tag woanders stehen, an unvorhersehbaren Stellen, ist auch das Zeitgefühl beeinträchtigt. Niemand weiß, wie lange er morgens braucht, um zur Arbeit oder in die Schule zu kommen, seine Mutter zu besuchen oder zum Arzt zu gehen, und, wenn er das alles erledigt hat, wie lange er braucht, bis er wieder zu Hause ist. Die Fahrt in die eine oder andere Richtung kann zwischen dreißig Minuten und vier Stunden dauern, manchmal ist die Straße aber auch ganz gesperrt, abgeriegelt von Soldaten mit Maschinenpistolen im Anschlag.

Die israelische Regierung behauptet, man sei zu diesen Maßnahmen gezwungen, um den Terrorismus zu bekämpfen. Ein Vorwand. Das eigentliche Ziel des Würgegriffs besteht darin, das Gefühl der einheimischen Bevölkerung für zeitliche und räumliche Kontinuität zu zerstören, damit die Bewohner entweder fortgehen oder zu Schuldknechten werden. Und das ist der Punkt, an dem die Toten die Lebenden in ihrem Widerstand bestärken. Das ist der Punkt, an dem Männer und Frauen beschließen, Märtyrer zu werden. Der Würgegriff fördert den Terrorismus, den er angeblich bekämpfen will.

Eine kleine, steinige Straße windet sich zwischen Felsbrocken hinunter in ein Tal südlich von Ramallah. Manchmal schlängelt sie sich zwischen Olivenhainen mit uralten Bäumen, von denen einige vielleicht aus römischer Zeit stammen. Dieser steinige Weg (beschwerlich für jedes Auto) ist für die Palästinenser die einzige Zufahrt zu ihrem Dorf. Die ursprüngliche Asphaltstraße ist jetzt für sie gesperrt und den Israelis in den Siedlungen vorbehalten. Ich gehe voraus, denn ich fand es schon immer ermüdender, langsam zu gehen. Zwischen den Büschen entdecke ich eine rote Blume und bleibe stehen, um sie zu pflücken. Später erfahre ich, dass sie Adonis Aestivalis heißt, Sommeradonis. Ihr Rot ist sehr intensiv und ihr Leben, so das Botanikbuch, kurz.

Baha ruft mir warnend zu, mich von dem hoch aufragenden Hügel zu meiner Linken fernzuhalten. Sie schießen auf jeden, der sich nähert, ruft er.

Ich versuche, die Entfernung abzuschätzen: knapp ein Kilometer. Ein paar hundert Meter weit entfernt in der nicht empfohlenen Richtung entdecke ich ein Maultier und ein Pferd, beide angebunden. Ich nehme sie als Garanten meiner Sicherheit und gehe auf sie zu.

Zwei Jungen, etwa elf und acht Jahre alt, arbeiten allein auf einem Feld. Der jüngere füllt Gießkannen aus einer im Boden versenkten Tonne. Die Behutsamkeit, mit der er dies tut, ohne einen Tropfen zu verschütten, zeigt, wie wertvoll das Wasser ist. Der ältere Junge nimmt die gefüllte Kanne und klettert vorsichtig zu einer gepflügten Ackerfläche hinunter, um die Pflanzen zu wässern. Beide sind barfuß.

Der ältere Junge winkt mich heran und zeigt mir stolz die Reihen mit ein paar hundert Pflanzen. Einige erkenne ich: Tomaten, Auberginen, Gurken. Sie müssen in der vergangenen Woche gesetzt worden sein. Sie sind noch klein und dürsten nach Wasser. Eine Pflanze erkenne ich nicht, und der Junge bemerkt es. Dick und leicht, sagt er. Melone? Shumaam! Wir lachen. Seine lachenden Augen sind fest auf mich gerichtet. (Ich denke an Husni al-Nayjar.) Wir leben beide – Gott weiß warum – im selben Augenblick. Er führt mich durch die Reihen, um mir zu zeigen, was er schon alles gegossen hat. Einmal bleiben wir stehen, schauen uns um und blicken zu der Siedlung mit ihren Schutzmauern und roten Dächern. Seine Geste, als er mit dem Kinn in diese Richtung deutet, hat etwas Spöttisches, einen Spott, den er mit mir teilen möchte, wie den Stolz auf sein Gießen. Ein Spott, der in ein Grinsen übergeht – als hätten wir uns verabredet, im selben Augenblick auf die gleiche Stelle zu pinkeln.

Später gehen wir zurück zu der steinigen Straße. Er pflückt wilde Minze und reicht mir ein Sträußchen. Ihre beißende Frische ist wie ein Schluck Wasser, das kälter ist als das in der Gießkanne. Wir gehen auf das Pferd und das Maultier zu. Das Pferd, ungesattelt, hat Halfter und Zügel, aber weder Zaumzeug noch Gebiss. Der Junge will mir etwas zeigen, das eindrucksvoller ist als eine imaginierte Pinkelei. Er springt auf das Pferd, während sein Bruder das Maultier ruhighält, und galoppiert ohne Sattel die Straße entlang, auf der ich gekommen bin. Das Pferd hat sechs Beine, vier eigene und zwei, die dem Reiter gehören, und mit seinen Händen kontrolliert der Junge alle sechs. Er reitet mit einer Erfahrung, die sehr viel älter ist als er selbst. Als er zurückkommt, grinst er und wirkt zum ersten Mal schüchtern.

Ich hole Baha und die anderen ein, die einen Kilometer voraus sind. Sie unterhalten sich mit einem Mann, dem Onkel des Jungen, und auch er gießt Pflanzen, die erst kürzlich gesetzt worden sind. Die Sonne geht unter, das Licht verändert sich. Das Gelbbraun der Erde, dunkler an den Stellen, wo gegossen wurde, ist jetzt die Grundfarbe der Landschaft. Der Mann schöpft den letzten Rest Wasser aus einer dunkelblauen 500-Liter-Tonne aus Plastik.

Auf der Oberfläche dieser blauen Tonne sind sorgfältig elf Flicken angebracht, wie man sie zum Ausbessern von Fahrradschläuchen verwendet, nur größer. Der Mann erklärt mir, er habe diese Tonne repariert, nachdem eine Gang aus der Siedlung Halamish mit den roten Dächern – eine Bande, die wusste, dass die Wassertonne mit Frühjahrsregenwasser gefüllt war – sie eines Nachts mit Messern aufgeschlitzt hatte. Eine zweite Tonne auf der unteren Terrasse wurde hoffnungslos zerstört. Ein Stück weiter auf derselben Terrasse ragt der knorrige Stumpf eines Olivenbaums aus dem Boden. Seinem Umfang nach muss der Baum ein paar hundert, vielleicht sogar tausend Jahre alt gewesen sein.

58

Vor ein paar Nächten, erzählt der Onkel, haben sie den Baum mit einer Kettensäge gefällt.

Ich zitiere Mourid Barghouti: »Seit Jahrhunderten ist Olivenöl für die Palästinenser das Geschenk des Reisenden, die Labsal der Braut, die Belohnung des Herbstes, der Stolz der Vorratskammer und der Reichtum der Familie.« Später stoße ich auf ein Gedicht von Zakaria Mohammed, *Das Gebiss*. Es handelt von einem schwarzen Pferd ohne Zaumzeug, aus dessen Maul Blut tropft. Auch in Zakarias Gedicht gibt es einen Jungen, und er erschrickt über das Blut.

»Was kaut das schwarze Pferd?,
fragt er.
Was kaut es?
Das schwarze Pferd
kaut
ein Gebiss, geschmiedet aus Eisen
und aus Erinnerung,
auf dem es herumbeißt,
herumbeißt bis zum Tod.«

Leicht vorstellbar, dass der Junge, der mir die wilde Minze gab, sich der Hamas anschließt, wenn er sieben Jahre älter ist, bereit, sein Leben zu opfern.

Die zertrümmerten Betonplatten und die eingestürzten Mauern von Arafats Hauptquartier im Zentrum Ramallahs sind auch von symbolischer Schwerkraft. Jedoch nicht in dem Sinn, wie die israelischen Kommandeure glaubten. Die Zerstörung der Muqata, in der sich Arafat und seine Begleiter aufhielten, war für sie eine öffentliche Demütigung, ähnlich wie der Tomatenketchup, den die Armee bei der Stürmung und Durchsuchung von Wohnungen systematisch auf Kleidern, Möbeln und Wänden verschmierte, insgeheim eine Warnung war, dass es noch schlimmer kommen könne.

Arafat aber repräsentiert die Palästinenser noch immer[2] sehr viel glaubwürdiger, als jeder andere politische Führer sein Volk repräsentiert. Nicht im demokratischen, sondern im tragischen Sinne. Darin liegt die Symbolkraft. Aufgrund der zahlreichen Fehler, die die PLO mit Arafat an der Spitze begangen hat, und aufgrund der Doppelzüngigkeit der arabischen Nachbarstaaten bleibt ihm kein politischer Bewegungsspielraum. Er ist kein politischer Führer mehr. Dennoch behauptet er sich trotzig. Niemand glaubt an ihn. Aber viele würden ihr Leben für ihn geben. Wie passt das zusammen? Arafat ist kein Politiker mehr, er ist ein Schuttberg geworden, aber ein Berg ihrer Heimat.

Ich habe noch nie ein solches Licht gesehen. Es ergießt sich seltsam gleichmäßig vom Himmel, so dass Ferne und Nähe eins werden. Ferne und Nähe unterscheiden sich lediglich im Größenmaßstab, nie in der Farbgebung, Textur oder Randschärfe. Und das bestimmt die Art und Weise, wie man sich selbst im Raum wahrnimmt, das Gefühl für das eigene Im-Raum-Sein. Die Landschaft gruppiert sich um dich herum, sie stellt sich dir nicht gegenüber. Das genaue Gegenteil von Arizona. Sie lockt dich nicht, sie rät dir vielmehr, dazubleiben.

Und so bin ich hier, eine Figur in einem Traum, den einige meiner Vorfahren in Polen, Galizien und dem Habsburgerreich mindestens zweihundert Jahre lang gehegt und sich immer wieder erzählt haben müssen. Und ich identifiziere mich vorbehaltlos mit der gerechten Sache, mit dem Schmerz derer, die vom Staat Israel (und auch von meinen Verwandten) auf tragisch totalitäre Weise gequält werden.

Riad, der Zimmerleute ausbildet, ist seine Zeichnungen holen gegangen. Wir sitzen im Garten seines Elternhauses. Der Vater eggt mit seinem Schimmel den Acker gegenüber. Riad kommt mit den Zeichnungen zurück, die er unterm Arm trägt, wie einen Ordner aus einem altmodischen metallenen Aktenschrank. Er geht langsam, und die Hühner machen ihm noch langsamer den Weg frei. Er setzt sich mir gegenüber und reicht mir die Zeichnungen, eine nach der anderen. Sie sind mit einem harten Bleistift gezeichnet, aus dem Gedächtnis und mit großer Geduld. Strich für Strich, abends, nach der Arbeit, bis die Schwarztöne so schwarz waren, wie er es haben wollte, die Grautöne blieben silbrig. Es sind ziemlich große Bögen.

Die Zeichnung eines Wasserkrugs. Ein Portrait seiner Mutter. Die Zeichnung eines zerstörten Hauses, mit Fenstern zu Räumen, die es nicht mehr gibt.

Als ich schließlich die Zeichnungen beiseitelege, wendet sich ein älterer Mann mit einem zähen Bauerngesicht an mich. Sie verstehen doch bestimmt etwas von Hühnern, sagt er. Wenn eine Henne krank wird, hört sie auf, Eier zu legen. Da ist nichts zu machen. Eines Tages aber wacht sie auf und spürt, dass der Tod kommt. Eines Tages erkennt sie, dass sie sterben wird, und was passiert? Sie fängt wieder an zu legen, und nur der Tod kann sie aufhalten. Wir sind wie diese Henne.

Die Kontrollpunkte fungieren als Grenzen innerhalb der Besetzten Territorien, aber es sind keine normalen Grenzposten. Sie sind so gebaut und besetzt, dass jeder, der sie passiert, zu einem unerwünschten Flüchtling herabgestuft wird.

Die Funktion dieses Dekors für die Ausübung des Würgegriffs kann gar nicht hoch genug veranschlagt werden, erinnert es doch unaufhörlich daran, wer der Sieger ist und wer anzuerkennen hat, dass er der Eroberte ist. Palästinenser müssen, oft mehrmals am Tag, die Demütigung erdulden, in ihrer eigenen Heimat als Flüchtlinge behandelt zu werden.

Wer auf die andere Seite will, muss den Checkpoint zu Fuß passieren, und die Soldaten, das Gewehr im Anschlag, picken sich heraus, wen sie >kontrollieren< wollen. Autos können nicht hinüber. Die alte Straße wurde zerstört. Auf der neuen obligatorischen >Route< wurden Felsbrocken, Steine und andere kleine Hindernisse verstreut. Ein Hindernislauf folglich für alle, selbst für die Sportlichen.

Junge Männer verdienen sich einen kleinen Lebensunterhalt damit, dass sie die Kranken und Alten in hölzernen Kisten auf vier Rädern hinüberkarren (Gefährte, die ursprünglich für den Transport von Gemüse zum Markt gebaut wurden). Die Fahrgäste bekommen ein Kissen, das die Schläge abfedert. Die jungen Männer hören sich ihre Geschichten an. Sie wissen immer das Allerneueste. (Die Sperren wechseln jeden Tag.) Sie geben Ratschläge, sie lamentieren, und sie sind stolz auf die Hilfe, die sie anbieten können, so geringfügig sie auch sein mag. Sie sind diejenigen, die dem Chor der griechischen Tragödie vielleicht am nächsten kommen.

Einige >Pendler< gehen am Stock, andere sogar an Krücken. Alles, was normalerweise im Kofferraum eines Autos verstaut wird, muss in Bündeln in der Hand oder auf dem

Rücken hinübergeschafft werden. Die Strecke kann sich über Nacht ändern und variiert zwischen dreihundert Metern und anderthalb Kilometern.

Palästinensische Ehepaare, ausgenommen einige jüngere, modernere, wahren in der Regel einen bestimmten Schicklichkeitsabstand in der Öffentlichkeit. An den Kontrollpunkten aber fassen sich alte und junge Paare an den Händen, suchen bei jedem Schritt Halt und bemessen exakt die Größe ihres Schritts, wenn sie an den auf sie gerichteten Gewehren vorbeihumpeln: nicht zu schnell – Eile macht verdächtig –, aber auch nicht zu langsam – Zögerlichkeit könnte die Wachposten zu einem ihrer ›Spielchen‹ animieren, mit denen sie sich die chronische Langeweile vertreiben.

Viele (nicht alle) israelische Soldaten hegen ausgeprägte Rachegefühle. Diese Rachegefühle haben wenig mit der Grausamkeit zu tun, die Euripides beschrieben und beklagt hat, handelt es sich doch nicht um eine Auseinandersetzung unter Gleichen, sondern zwischen den Allmächtigen und den sichtlich Ohnmächtigen. Doch diese Macht der Mächtigen geht einher mit einer wütenden Enttäuschung: der Entdeckung, dass ihre Macht trotz all ihrer Waffen auf unerklärliche Weise beschränkt ist.

Ich möchte ein paar Euros in Schekel wechseln – die Palästinenser besitzen keine eigene Währung. Ich gehe die Hauptstraße entlang, vorbei an vielen kleinen Läden. Ab und zu sitzt ein Mann auf einem Stuhl dort, wo vor der Panzerinvasion ein Gehsteig gewesen war. Diese Männer halten dicke Bündel Geldscheine in der Hand. Ich gehe auf einen jüngeren zu und sage, ich würde gern hundert Euro tauschen. (Für diesen Betrag könnte man in einem der Juwelierläden einen kleinen Goldarmreif für ein Kind kaufen.) Er tippt etwas in seinen Kindertaschenrechner und gibt mir ein paar hundert Schekel.

Ich gehe weiter. Ein Junge, der dem Alter nach der Bruder des Mädchens mit dem imaginierten Goldarmreif sein könnte, streckt mir Kaugummis entgegen, die er mir verkaufen will. Er kommt aus einem der beiden Flüchtlingslager in Ramallah. Ich kaufe. Er verkauft auch Plastikhüllen für die maschinenlesbaren Ausweise in der Brieftasche. Seine finstere Miene fordert mich auf, ihm alle Kaugummis abzukaufen. Das tue ich.

Eine halbe Stunde später bin ich auf dem Gemüsemarkt. Ein Mann verkauft Knoblauchknollen groß wie elektrische Glühbirnen. Hier herrscht dichtes Gedränge. Jemand tippt mir auf die Schulter. Ich drehe mich um. Es ist der Geldwechsler. Ich habe Ihnen fünfzig Schekel zu wenig gegeben, sagt er, hier sind sie. Er reicht mir fünf Zehn-Schekel-Scheine. Es war nicht schwer, Sie zu finden, meint er. Ich danke ihm.

Der Blick, mit dem er mich ansieht, erinnert mich an eine alte Frau, der ich am Tag zuvor begegnet bin. Es ist ein Ausdruck wachster Aufmerksamkeit für den Augenblick. Ruhig und bedacht, als könnte es der letzte Augenblick sein.

Der Geldwechsler dreht sich um und begibt sich auf den langen Weg zurück zu seinem Stuhl.

Die alte Frau habe ich im Dorf Kobar kennengelernt. In einem unfertigen, kargen Haus aus Beton. An den Wänden des kahlen Wohnzimmers hingen gerahmte Fotos ihres Neffen Marwan Barghouti. Marwan als Kind, als Heranwachsender, als Mann von vierzig Jahren. Heute sitzt er in einem israelischen Gefängnis. Wenn er überlebt, ist er einer der wenigen politischen Führer der Fatah, ohne den ein dauerhaftes Friedensabkommen nicht möglich ist.

Während wir Zitronensaft tranken und die Tante Kaffee kochte, kamen ihre Enkelkinder heraus in den Garten: zwei Jungen, etwa sieben und neun Jahre alt. Der jüngere heißt ›Heimat‹, der ältere ›Kampf‹. Sie liefen wild durcheinander, blieben dann unvermittelt stehen und nahmen einander aufmerksam in den Blick, als wären sie hinter irgendetwas versteckt und spähten hervor, ob der andere sie entdeckt hätte. Dann liefen sie wieder los zu einem anderen unsichtbaren Versteck. Ein Spiel, das sie erfunden und schon oft miteinander gespielt hatten.

Das dritte Kind war vier Jahre alt. Es hatte rote und weiße Flecken im Gesicht wie ein Clown, und es stand abseits wie ein Clown, wehmütig, zu Späßen aufgelegt, unsicher, wann es vorbei sein würde. Der Kleine hatte Windpocken und wusste, dass er sich von den Gästen fernhalten sollte.

Als es Zeit war zu gehen, hielt die Tante meine Hand fest, und in ihren Augen lag genau derselbe Ausdruck der Aufmerksamkeit für den Augenblick.

Wenn zwei ein Tuch auf einem Tisch ausbreiten, sehen sie einander an, um es richtig hinzulegen. Stell dir vor, der Tisch sei die Welt und das Tischtuch das Leben derer, die wir retten müssen. So war der Ausdruck in ihrem Gesicht.

Eine kleine Messingschale, ›Angstschale‹ genannt. Mit eingeritzten filigranen geometrischen Mustern und Koranversen in Form einer Blume. Man füllt sie mit Wasser und lässt sie über Nacht draußen stehen, im Sternenlicht. Man trinkt das Wasser und betet, dass es den Schmerz lindere und Heilung bringe. Für viele Krankheiten ist die Angstschale gewiss weniger wirksam als ein Antibiotikum. Aber eine Schale Wasser, in dem sich die Zeit der Sterne gespiegelt hat, dasselbe Wasser, aus dem alles Lebendige gemacht ist, wie es im Koran heißt, mag helfen, dem Würgegriff zu widerstehen ...

Zwei Wochen, nachdem ich Ramallah verlassen habe, bin ich in Finistère im Nordwesten Frankreichs und schaue aufs Meer. Der Unterschied des Klimas und der Vegetation könnte nicht größer sein. Die einzige Gemeinsamkeit sind die vielen Brombeersträucher – *toot il alliq*. Die Küste von Finistère ist mit grünem Farn bewachsen, bevor sie steil zu den Klippen abfällt. Und durch die Wucht eines Ozeans, der seine Farbe jede halbe Stunde ändert, ist sie in zahllose kleine Inseln zerbrochen. Die Westküste Europas von Cornwall bis ins spanische Galizien trägt den Namen ›Ende der Welt‹. Hier endet das Land mit Farnen und Inselchen wie Felsbrocken.

Ich will das älteste von Menschen geschaffene Monument der Welt sehen, das tausend Jahre älter ist als die ersten Pyramiden. Und wie diese wurde es als ein Grabmonument erbaut. Was ich sehe, Eqbal, ist ein Haufen Steine. In den Reiseführern steht, es sei ein Hügelgrab.

Aber es ist sehr viel mehr als ein Hügelgrab; es ist eine sorgfältig gestaltete Skulptur. Jeder Vierzig-Zentimeter-Quader ist gleichsam handgeschrieben. Das Grab ist mehr als siebzig Meter lang, etwa fünfundzwanzig Meter breit und acht bis zehn Meter hoch, und jeder Stein ist in jeder Richtung mit dem folgenden so sorgfältig zusammengefügt, als wären die Steine handgeschriebene Worte.

Stell dir das Deck eines Schiffes vor. Es verlässt die Bucht von Morlaix in nordöstlicher Richtung, bevor es westlich Kurs auf Amerika nimmt. Dieses Schiff mit seinem homerischen Bug (nach der Legende passierte Odysseus diese Küste auf seinem Weg nach Cork), dieses Schiff ist aus Steinen gebaut, und natürlich ist es an die Erde gebunden!

Die Radiokarbon-Datierung ergab, dass es vor mindestens sechstausend Jahren in zwei Etappen gebaut wurde. Zuerst entstand das Heck aus grünlichem metamorphem Doleritgestein, das an der Küste mit ihrem sauren Boden unter dem Farn reichlich vorhanden ist. Ein- bis zweihundert Jahre später wurde der Bug hinzugefügt, hauptsächlich aus haferfarbenem Granit von der kleinen Insel Sterec.

Es gab noch ein drittes Bauwerk, vielleicht ein zweites Totenschiff, das jedoch in den fünfziger Jahren des vorigen Jahrhunderts völlig zerstört wurde, als das Areal, längst überwuchert und mit Erde bedeckt, ein Steinbruch war, dessen Steine zu Schotter verarbeitet wurden.

Archäologen vermuten, dass die beiden Schiffsteile jeweils in wenigen Monaten errichtet wurden. Und bedenkt man den Aufwand, muss eine ganze Siedlergemeinschaft von mehreren hundert Menschen daran gearbeitet haben.

Die meisten Steine sind so groß und schwer, dass sie ein kräftiger Mann gerade noch mit beiden Armen tragen kann. Andere Steine sind kleiner, faustgroß, und sie schließen die störrischen Lücken zwischen den ansonsten exakt ineinandergefügten größeren Steinen.

Die Schiffdecks sind eben, nicht holprig. Und ein paar Megalithen, größer als ein Mensch, wurden als Türsturz über Gängen oder als Decken für Gewölbekammern verwendet. Auf dem unteren Deck führen zweiundzwanzig

Durchgänge aus Trockenstein von Backbord und Steuerbord zu elf überwölbten Kabinen, in die die Toten gelegt wurden.

Ich betrete einen dieser Gänge, der wie eine Sentenz ist, die in ein Zentrum führt, und hier, in diesem halbzerstörten Innern, betrachte ich die auskragenden Steine. Es sind Steine, wie es sie millionenfach an den Stränden dieser Küste gibt, nur dass sie hier aufgrund ihrer Anordnung sprechen und etwas zu sagen haben.

Es mag Gründe geben für das Chaos, aber das Chaos ist stumm. Sprache und Mitteilung entstehen aus der menschlichen Fähigkeit des Ordnens und Platzierens. Das englische Wort *place* kann sowohl ›Ort‹ als auch ›platzieren‹ bedeuten, ist also Verb und Substantiv zugleich. Die Fähigkeit des Ordnens und die Fähigkeit, einen Ort zu erkennen und zu benennen. Ist dies nicht unauflöslich miteinander verbunden, weil beides in dem Bedürfnis der Menschen wurzelt, ihre Toten zu ehren und zu schützen?

Ein merkwürdiger Vergleich kommt mir in den Sinn. Vielleicht ist das, was Hunderte von Menschen veranlasst hat, in monatelanger Arbeit dieses steinerne Schiff zu bauen, mit dem verwandt, was in Palästina Kinder dazu bringt, Steine gegen die Panzer einer Besatzungsarmee zu schleudern.

(Juni 2003)

Der Chor in unseren Köpfen oder
Pier Paolo Pasolini

Ich kann mir nichts Dümmeres vorstellen, als über ihn zu
sagen, er war wie ein Engel. Ein Engel, gemalt von Cosimo
Tura? Nein. Von Tura gibt es einen heiligen Georg, und
der ist sein reinstes Ebenbild! Formell ernannte Heilige
und himmlische Engel waren ihm ein Gräuel. Warum dann
dieser Vergleich? Weil seine tiefe, stets spürbare Traurig-
keit ihn nicht daran hinderte zu spaßen, und weil seine be-
kümmerte Miene andere zum Lachen brachte und er stets
genau wusste, wer dessen am meisten bedurfte. Und je vertrauter sein Umgang mit jemandem, desto lichter wurde
diese Nähe! Er konnte den Leuten leise flüsternd von dem
sprechen, was ihnen gerade Schlimmes widerfuhr, und
irgendwie litten sie dann schon ein bisschen weniger,
»… denn es gibt keine Verzweiflung ohne ein klein wenig
Hoffnung.« »Nulla disperazione senza un po' di speranza.«
Pier Paolo Pasolini (1922–1975).

Ich glaube, er zweifelte oft an sich selbst, nie jedoch an seiner prophetischen Gabe, vielleicht dem einzigen, an dem
er gern gezweifelt hätte. Doch gerade weil er prophetisch
war, kann er uns bei dem helfen, was wir heute erleben.
Soeben habe ich einen Film aus dem Jahr 1963 gesehen.
Erstaunlicherweise kam er nie ins Kino. Er ist wie die
sprichwörtliche Flaschenpost, die vierzig Jahre später an
unsere Küste gespült wird.

Früher verfolgten viele Menschen das Weltgeschehen nicht in den Fernsehnachrichten, sondern in den Wochenschauen der Kinos. 1962 hatte Gastone Ferranti, der in Italien solche Wochenschauen produzierte, eine glänzende Idee. Er bot dem damals bereits berühmt-berüchtigten Pasolini an, sein Nachrichtenarchiv der Jahre 1945 bis 1962 zu nutzen, um die Frage zu beantworten: Woher kommt die weltweite Furcht vor einem Krieg? Pasolini sollte Filmmaterial seiner Wahl montieren und den Bildern einen im Off gesprochenen Kommentar hinzufügen. Der so entstehende einstündige Film würde, so Ferrantis Hoffnung, das Prestige der Wochenschau-Firma steigern. Das Thema war brisant, denn die Furcht vor einem neuen Weltkrieg war damals tatsächlich weit verbreitet. Der Konflikt zwischen den USA und der UdSSR wegen der Atomsprengköpfe auf Kuba brach im Oktober 1962 aus.

Pasolini, der bereits *Accattone, Mamma Roma* und *La Ricotta* gedreht hatte, nahm das Angebot an, denn er liebte die Geschichte, mit der er zugleich haderte. Er machte den Film und gab ihm den Titel *La Rabbia* (Der Zorn).[3]

Als die Produzenten ihn sahen, bekamen sie kalte Füße und bestanden darauf, dass der bekanntermaßen rechtsgerichtete Journalist Giovanni Guareschi einen zweiten Teil drehte, der dann zusammen mit dem ersten der Öffentlichkeit als ein einziger Film vorgestellt werden sollte. Am Ende wurde keiner von beiden gezeigt.

La Rabbia ist, wie ich finde, von einer starken Beharrlichkeit getragen, nicht von Wut. Pasolinis Blick auf das Weltgeschehen ist von unerschrockener Klarsicht. (Manche Engel, die Rembrandt zeichnete, haben denselben Blick.) Denn die Wirklichkeit ist das Einzige, was uns zu lieben bleibt. Etwas anderes haben wir nicht.

Die Heucheleien, Halbwahrheiten und Unaufrichtigkeiten der Gierigen und Mächtigen weist er kompromisslos zurück, weil sie die Ignoranz, eine Form der Blindheit gegenüber der Wirklichkeit, nähren und fördern. Und weil sie auf die Erinnerung pfeifen, auch auf das Gedächtnis der Sprache, die unser größtes Vermächtnis ist.

Dennoch konnte er der Wirklichkeit, die er liebte, nicht einfach beipflichten, denn zum damaligen Zeitpunkt nahm sie einen sehr enttäuschenden Verlauf. Die alten Hoffnungen, die 1945, nach dem Sieg über den Faschismus, wiedererblüht und gewachsen waren, hatten sich nicht erfüllt.

Die UdSSR war in Ungarn einmarschiert. Frankreich hatte seinen feigen Krieg gegen Algerien begonnen. Die Unabhängigkeit der ehemaligen afrikanischen Kolonien war eine makabre Farce. Lumumba war von den Marionetten der CIA liquidiert worden. Der Neokapitalismus rüstete sich bereits für seinen globalen Siegeszug.

Dennoch, das historische Vermächtnis war viel zu kostbar und viel zu gewichtig, um es einfach über Bord zu werfen. Mit anderen Worten, die unterschwelligen Forderungen der Wirklichkeit, die allenthalben spürbar waren, ließen sich unmöglich ignorieren. Sie manifestierten sich in der Art und Weise, wie ein Kopftuch ein Gesicht umhüllte. In der Miene eines jungen Mannes. Auf einer Straße voller Menschen, die weniger Ungerechtigkeit forderten. Im Lachen ihrer Erwartungen und in der Gewagtheit ihrer Scherze. Daher rührte seine grimmige Beharrlichkeit.

Pasolinis Antwort auf die eingangs gestellte Frage war einfach: Klassenkampf ist die Ursache jedes Krieges.

Der Film endet mit einem imaginierten Selbstgespräch Gagarins. Nachdem er den Planeten aus dem Weltall in den Blick genommen hat, erklärt er, aus dieser Distanz seien alle Menschen Brüder, die dem alten, blutigen Weg der Erde abschwören sollten. Letztlich aber handelt der Film von Erfahrungen, die weder die Frage noch die Antwort direkt berühren. Von der winterlichen Kälte, denen die Obdachlosen ausgesetzt sind. Von der Wärme, die die Erinnerung an revolutionäre Helden spenden kann. Von der Unvereinbarkeit von Freiheit und Hass. Von Papst Johannes XXIII., seiner bäurischen Ausstrahlung und dem Schildkrötenlächeln in seinen Augen. Von Stalins Schuld, die unsere Schuld ist. Von der teuflischen Versuchung zu glauben, der Kampf wäre zu Ende. Vom Tod Marilyn Monroes und davon, dass Schönheit das Einzige ist, was von der dummen Welt von gestern und der grausamen Welt von morgen übrig bleibt. Davon, dass für die besitzenden Klassen Natur und Reichtum ein und dasselbe sind. Von unseren Müttern und dem Vermächtnis ihrer Tränen. Von den Kindern und Kindeskindern. Von den Ungerechtigkeiten im Gefolge eines edlen Sieges. Von dem Anflug der Panik in den Augen Sophia Lorens, als sie beobachtet, wie ein Fischer einen Aal ausnimmt ...

Der Kommentar des Schwarz-Weiß-Films wird von zwei anonymen Stimmen aus dem Off gesprochen; es sind die Stimmen zweier Freunde Pasolinis: des Malers Renato Guttuso und des Schriftstellers Giorgio Bassani. Der eine mit der Stimme eines eindringlichen Kommentators, der andere – halb Historiker, halb Poet – mit der Stimme eines Wahrsagers. Zu den weltgeschichtlichen Ereignissen, über die berichtet wird, zählen der Ungarn-Aufstand 1956, Eisenhowers Nominierung für eine zweite Präsidentschaft, die Krönung Königin Elizabeths und Castros Sieg in Kuba.

Die erste Stimme informiert uns, die zweite erinnert uns. Woran? Nicht vorrangig an das Vergessene (sie ist listiger), vielmehr an das, welches zu vergessen wir uns entschlossen haben, und dieser Entschluss hat seinen Ursprung oft schon in der Kindheit. Pasolini hat nichts aus seiner Kindheit vergessen – daher die Gleichzeitigkeit von Schmerz und Lachen in allem, was er zu ergründen sucht. Er bringt uns dazu, dass wir uns unseres Vergessens schämen.

Die beiden Stimmen sind wie der Chor in der griechischen Tragödie. Sie haben keinen Einfluss auf das, was gezeigt wird. Sie interpretieren nicht. Sie fragen, hören zu, beobachten und verleihen dem eine Stimme, was der Zuschauer mehr oder weniger diffus empfindet.

Und das gelingt ihnen deshalb, weil sie sich bewusst sind, dass sich in der Sprache, die Schauspieler, Chor und Zuschauer sprechen, jahrhundertealte gemeinsame Erfahrungen abgelagert haben. Die Sprache selbst ist die Komplizin unserer Reaktionen. Sie lässt sich nicht täuschen. Die Stimmen sprechen eine deutliche Sprache, nicht um irgendetwas zu beweisen, sondern weil es eine Schande wäre, wenn angesichts der Fülle menschlicher Erfahrung und menschlichen Schmerzes unausgesprochen bliebe, was hätte gesagt werden müssen. Bliebe es ungesagt, wäre unsere Fähigkeit, Mensch zu sein, ein Stück weit beeinträchtigt.

Der Chor im antiken Griechenland bestand nicht aus Schauspielern, sondern aus männlichen Bürgern der Stadt, die für jeweils ein Jahr vom Chormeister, dem *choregus,* ausgewählt wurden. Sie repräsentierten die Stadt, sie kamen von der *agora,* dem Forum. Als Chor jedoch wurden sie zur Stimme mehrerer Generationen. Wenn sie das artikulierten, was das Publikum selbst schon erkannt hatte, waren sie Großeltern. Wenn sie dem eine Stimme gaben, was die Zuschauer zwar spürten, aber unfähig waren auszudrücken, waren sie die Ungeborenen.

All dies gelingt Pasolini ganz allein mit seinen zwei Stimmen, während er wütend zwischen der alten Welt, die mit dem letzten Bauern untergehen wird, und der Welt von morgen, der Welt des gnadenlosen Kalküls, hin und her springt.

In manchen Augenblicken zeigt der Film die Grenzen der rationalen Erklärung auf, lässt uns den oft so vulgären Klang von Begriffen wie Optimismus und Pessimismus wahrnehmen.

Die besten Köpfe Europas und der Vereinigten Staaten, heißt es im Film, erörtern theoretisch, was es bedeutet, auf Kuba (im Kampf an der Seite Castros) zu sterben. Was es aber wirklich bedeutet, auf Kuba – oder in Neapel oder in Sevilla – zu sterben, kann nur im Mitgefühl, im Licht eines Lieds oder im Licht der Tränen ausgedrückt werden.

An einer anderen Stelle heißt es, wir alle träumten von dem Anrecht, so zu sein wie manche unserer Vorväter! Und weiter: Nur die Revolution kann das Vergangene retten.

La Rabbia ist ein Liebesfilm. In seiner Klarsicht ist er einem Aphorismus Kafkas vergleichbar: »Das Gute ist in gewissem Sinne trostlos.«

Deshalb sage ich, Pasolini war wie ein Engel.

Der Film dauert nur knapp eine Stunde, eine Stunde, die vor vierzig Jahren gestaltet, rhythmisiert und geschnitten wurde. Der Kontrast zu den Nachrichtenkommentaren, die wir heute hören, und zu den Informationen, mit denen wir heute gefüttert werden, ist so groß, dass man sich, wenn der Film zu Ende ist, sagt: Es sind also nicht nur Tier- und Pflanzenarten, die heute vernichtet werden oder vom Aussterben bedroht sind, sondern Stück für Stück auch unsere menschliche Werteordnung. Sie wird systematisch besprüht – nicht mit Pestiziden, sondern mit Ethiziden – Wirkstoffen, die die Ethik und damit auch jeden Sinn für Geschichte und Gerechtigkeit töten.

Vorrangig bekämpft werden diejenigen unserer Werte, die sich aus dem Bedürfnis entwickelt haben, aufeinander zuzugehen, etwas weiterzugeben, zu trösten, zu trauern und zu hoffen. Die Massenmedien versprühen diese Ethizide Tag und Nacht.

Die Ethizide sind vielleicht nicht so effizient und wirken nicht so schnell, wie die Medienexperten gehofft hatten, trotzdem ist es ihnen gelungen, den Raum der Vorstellungskraft zuzuschütten und einzuebnen, den jedes zentrale öffentliche Forum repräsentiert und braucht. (Unsere Foren sind überall, aber im Moment spielen sie nur eine Nebenrolle.) Und im Ödland der zugeschütteten Foren (welches an das Brachland erinnert, auf dem Pasolini ermordet wurde) erreicht uns Pasolini mit seiner *Rabbia* und zeigt uns mit seinem beharrlichen Beispiel, wie man den Chor in unsere Köpfe trägt.

(Juni 2006)

Zehn Briefe über die Beharrlichkeit
angesichts von Mauern

1

Wind kam auf in
der Nacht und trug unsere Pläne fort.

(chinesisches Sprichwort)

2

Die Armen haben keinen Wohnsitz. Sie haben ein Zu-
hause, weil sie sich an eine Mutter oder einen Großvater
erinnern oder an eine Tante, bei der sie aufgewachsen
sind. Ein Wohnsitz ist eine Festung, keine Geschichte; er
schützt vor dem Einbruch des Wilden. Ein Wohnsitz
braucht Mauern. Fast alle Armen träumen von einem kleinen Wohnsitz, wie sie von Ruhe und Frieden träumen.
Dicht zusammengepfercht leben die Armen im Freien,
wo sie keinen Wohnsitz, sondern nur ein Plätzchen für
sich improvisieren. Doch dieser Ort ist ebenso Protagonist wie derjenige, der ihn einnimmt; dieser Ort besitzt
ein Eigenleben und steht nicht, wie ein Haus oder eine
Wohnung, in jemandes Dienst. Die Armen leben mit dem
Wind, mit Feuchtigkeit, wirbelndem Staub, Stille und un-
erträglichem Lärm (manchmal mit beidem; ja, auch das ist
möglich), mit Ameisen und großen Tieren, mit den Aus-
dünstungen der Erde, mit Ratten, Rauch, Regen und Er-
schütterungen von anderen Orten, mit Munkeleien und

dem Einbruch der Dunkelheit, und sie leben miteinander. Zwischen denen, die hier leben, und all diesen Wirklichkeiten existiert keine klare Trennlinie. Unauflöslich ineinander verflochten, bilden sie zusammen das Leben an diesem Ort.

»Die Abenddämmerung brach an; der mit kaltem grauem Dunst verhangene Himmel wurde schon dunkel; der Wind, der den ganzen Tag die Stoppeln auf den abgemähten Feldern und die kahlen Sträucher bewegt hatte, legte sich jetzt selbst in die Mulden ...«[4]

Das Kollektiv der Armen bleibt etwas Ungreifbares. Sie bilden nicht nur die Mehrheit auf dem Planeten, die Armen sind überall, und selbst das geringste Ereignis zeugt von ihnen. Deshalb sind die Reichen heute in erster Linie damit beschäftigt, Mauern zu bauen – Mauern aus Beton, aus elektronischen Überwachungsanlagen, Raketensperrfeuern, Minenfeldern, Grenzkontrollen und matten Fernsehbildschirmen.

3

Das Leben der Armen ist hauptsächlich Kummer und Leid, unterbrochen von Augenblicken der Erkenntnis. Jedes Leben hat dafür seine ureigene Disposition, und keines ist darin dem anderen gleich. (Konformismus ist eine Angewohnheit, die nur die Wohlhabenden kultivieren.) Momente der Erkenntnis erwachsen aus Zärtlichkeit und Liebe – aus dem Trost, der aus Anerkennung kommt, aus dem Gefühl, gebraucht und geliebt zu werden als der, der man gerade ist! Andere Augenblicke werden erhellt von der Ahnung, dass die menschliche Spezies trotz allem zu etwas nützlich ist.

»»Nasar, sag mir irgendetwas Wesentliches ...‹

Ajdym drehte den Docht in der Lampe herunter, damit weniger Petroleum verbraucht wurde. Sie verstand: Wenn irgendetwas Wesentliches im Leben vorhanden war, musste man seinen Besitz zusammenhalten.

›Ich weiß nichts Wesentliches, Ajdym‹, sagte Tschagatajew. ›Ich habe darüber nie nachgedacht, ich hatte keine Zeit dazu ... Da wir beide geboren wurden, ist auch in uns etwas Wesentliches ...‹

Ajdym war einverstanden:

›Aber nur ein bisschen ... Vom Unwesentlichen dagegen gibt es viel.‹

Sie bereitete das Abendessen. Dazu zog sie einen Brotfladen aus dem Sack, bestrich ihn mit Hammelfett und brach ihn in zwei Teile: Nasar gab sie das größere Stück, sie nahm das kleinere. Schweigend kauten sie beim schwachen Schein der Lampe ihr Essen. Dunkel und still war es am Ustj-Urt und in der Wüste, und nichts wusste man von ihnen.«⁵

4

Von Zeit zu Zeit tritt Verzweiflung in dieses zumeist leidvolle Leben. Verzweiflung ist eine Regung, die dem Gefühl des Betrogenseins folgt. Eine Hoffnung wider alle Hoffnung (von einem Versprechen immer noch weit entfernt) zerbricht oder wird zerbrochen; Verzweiflung füllt den Raum der Seele, wo diese Hoffnung gewohnt hat. Verzweiflung hat nichts mit Nihilismus zu tun.

Nihilismus in seiner heutigen Ausprägung ist die Weigerung, an eine Wertordnung jenseits des Gewinnstrebens zu glauben. Das Gewinnstreben wird als Sinn und Zweck jeglichen sozialen Handelns hingenommen, so dass, einfach gesagt, gilt: Alles hat seinen Preis. Nihilismus ist die

Resignation gegenüber dem Diktum: Allein der Preis zählt. Das ist die gängigste Form der menschlichen Feigheit. Keine, der die Armen oft erliegen.

»Er horchte, und er bekam Mitleid mit seinem Körper und dessen Knochen – seine Mutter hatte sie ihm einst aus der Armut ihres Fleisches gemacht; nicht aus Liebe, nicht in Leidenschaft und Lust, sondern einfach aus einer Lebensnotwendigkeit heraus. Er empfand sich selbst als ein fremdes Gut, als den letzten Besitz von Besitzlosen, das man für nichts und wieder nichts vergeuden wollte, und er geriet in Zorn.«[6]

[Ein paar erklärende Worte zu diesen Zitaten. Sie entstammen Erzählungen und Romanen des großen russischen Schriftstellers Andrej Platonow (1899–1951). Platonow schrieb über die Armut während des Bürgerkriegs und später während der Zeit der Zwangskollektivierung der sowjetischen Landwirtschaft Anfang der dreißiger Jahre. Was sie von der Armut früherer Zeiten unterschied, war die Tatsache, dass die zertrümmerten Hoffnungen sie so ausweglos machten. Eine Armut, die erschöpft zu Boden sank, sich wieder hochrappelte, vorwärtstaumelte, weitermarschierte inmitten der Scherben nicht eingehaltener Versprechen und zerschmetterter Worte. Platonow verwendet immer wieder den Ausdruck *duschewnij bednjak*, was wörtlich soviel heißt wie ›arme Seelen‹. Er meinte diejenigen, denen alles genommen war, so dass die Leere in ihnen unermesslich wurde und in all dieser Unermesslichkeit nur noch ihre Seele übrigblieb – also die Fähigkeit, zu fühlen und zu leiden. Platonows Erzählungen sind keine Dreingaben zu tatsächlich erlittenem Elend, sie wollen etwas retten. »Aus unserer Hässlichkeit wird das Herz der Welt erwachsen«, schrieb er Anfang der zwanziger Jahre.

Die Welt heute erlebt eine andere Form der modernen Armut. Es erübrigt sich, Zahlen zu nennen; sie sind hinlänglich bekannt, und sie zu wiederholen hieße lediglich, eine weitere Mauer zu errichten, diesmal aus statistischen Daten. Mehr als die Hälfte der Weltbevölkerung lebt von weniger als zwei Dollar am Tag. Einheimische Kulturen mit ihren Teillösungen für manche drängenden Probleme des Lebens – physische und geistige – werden systematisch vernichtet oder unterminiert. Die neuen Technologien und Kommunikationsmittel, die freie Marktwirtschaft, der produktive Überfluss und die parlamentarische Demokratie haben ihre Versprechen gegenüber den Armen nicht eingehalten. Die Armen erhalten lediglich Zugang zu billigen Konsumgütern, die sie kaufen können, wenn sie stehlen.

Platonow hat die moderne Armut besser verstanden als alle anderen Geschichtenerzähler, die ich kenne.]

5

Es gibt ein Geheimnis, das kennen muss, wer den Armen Geschichten erzählt. Es liegt in der Überzeugung, dass eine Geschichte so zu erzählen ist, dass man ihr auch an anderen Orten zuhören kann, dort nämlich, wo einer oder auch sehr viele Menschen besser wissen als der Geschichtenerzähler oder der Protagonist, was Leben ist. Die Mächtigen können keine Geschichten erzählen: Prahlereien sind alles andere, nur keine Geschichten, und jede Geschichte, kommt sie auch noch so sanft daher, muss unerschrocken erzählt sein; die Mächtigen heute führen ein nervöses Leben.

Eine Geschichte überantwortet das Leben einer anderen, endgültigeren Beurteilungsinstanz, und die ist weit entfernt. Ihr Ort mag in der Zukunft liegen oder in einer noch lebendigen Vergangenheit; oder hinter dem Berg, wo das Tagesglück sich gewendet hat (die Armen sind oft darauf angewiesen, von Glück oder Unglück zu sprechen) und die Letzten die Ersten sind.

Die Geschichten-Zeit (die Zeit in einer Geschichte) ist nicht linear. In ihr begegnen sich die Lebenden und die Toten als Zuhörer und Richter, und je größer die Zahl der Zuhörer, desto *intimer* wird die Geschichte für jeden einzelnen. Geschichten sind eine Möglichkeit, einander in dem Glauben zu bestärken, dass der Tag der Gerechtigkeit unmittelbar bevorstehe. Für diesen Glauben werden Kinder, Frauen und Männer im gegebenen Augenblick mit erstaunlicher Entschlossenheit kämpfen. Das ist auch der Grund, warum Tyrannen das Geschichtenerzählen fürchten: Auf die eine oder andere Weise geht es in diesen Geschichten immer um ihren Sturz.

»Wohin er auch ging, er musste nur versprechen, eine Geschichte zu erzählen, dann nahmen ihn die Leute für die Nacht bei sich auf: Eine Geschichte ist mächtiger als ein Zar. Es gab nur ein Problem: Wenn er vor dem Abendessen anfing, Geschichten zu erzählen, war niemand mehr hungrig, und dann bekam auch er nichts zu essen. Also bat der alte Soldat immer erst einmal um einen Teller Suppe.«[7]

6

Das Grausamste im Leben sind seine tödlichen Ungerechtigkeiten. Fast alle Versprechen werden gebrochen. Wenn die Armen ihr Elend hinnehmen, dann weder aus Passivität noch aus Resignation. Vielmehr blicken sie hinter das Elend und entdecken dort etwas, für das es keinen Namen gibt.

Kein Versprechen, denn (fast) alle Versprechen werden gebrochen; eher etwas wie eine Klammer, einen Einschub in dem ansonsten unbarmherzigen Strom der Geschichte. Und die Summe all dieser Einschübe heißt Ewigkeit.

Man kann es auch andersherum sagen: Es gibt auf dieser Erde kein Glück ohne eine Sehnsucht nach Gerechtigkeit.

Glück ist nicht etwas, nach dem sich streben lässt, es ist etwas, das einem widerfährt, eine Begegnung. Doch die meisten Begegnungen haben eine Fortsetzung; das ist ihr Versprechen. Die Begegnung mit dem Glück hat keine Fortsetzung. Sie findet stets in diesem einen Augenblick statt. Glück ist, was das Leid durchbricht.

»»Wir dachten, dass es schon lange nichts mehr auf der Welt gibt ... Wir dachten, nur wir sind noch übriggeblieben – wozu sollten wir da noch leben?‹

›Wir wollten es nachprüfen gehen‹, sagte Allah. ›Es interessierte uns, wo die anderen Menschen waren.‹

Tschagatajew verstand sie und fragte, ob sie jetzt also vom Leben überzeugt seien und nicht mehr sterben würden.

›Sterben ist unnötig‹, erklärte Tscherkesow. ›Wenn man einmal stirbt, ist das vielleicht notwendig und nützlich. Aber bei einem Mal kann der Mensch nicht sein Glück begreifen, zum zweiten Mal zu sterben kommt er aber nicht. Aus diesem Grunde macht die Sache kein Vergnügen ...‹«[8]

7

»Es war Winter, die Reichen tranken Tee und aßen Hammelfleisch, die Armen warteten auf die Wärme und das Wachsen der Pflanzen.«[9]

Der Wechsel der Jahreszeiten ist, wie der Wechsel zwischen Nacht und Tag, Sonne und Regen, lebenswichtig. Der Strom der Zeit ist turbulent. Turbulenz verkürzt die Lebenszeit, faktisch und subjektiv. Dauer ist kurz. Nichts hat Bestand. Das ist ebenso sehr ein Gebet wie eine Klage.

»(Die Mutter) bedauerte, dass sie gestorben war und ihre Kinder gezwungen hatte, sich um sie zu grämen; wenn sie könnte, würde sie immer am Leben bleiben, damit niemand sich ihretwegen härmte, niemand ihretwegen sein Herz und seinen Körper quälte, den sie geboren hatte. Aber sie hatte es nicht ausgehalten, lange zu leben.«[10]

Der Tod tritt ein, wenn das Leben nichts mehr hat, das es zu verteidigen gilt.

8

»... es war, als ob sie ganz allein auf der Welt wäre, frei von Glück und Trauer, und sie wollte etwas tanzen, Musik hören, die Hände anderer Menschen halten ...«[11]

Sie sind es gewohnt, in großer Nähe zueinander zu leben, und das schafft ein ganz eigenes Gefühl für den Raum. Der Raum ist hier weniger eine Leere als vielmehr ein Ort des Austauschs. Wenn Menschen auf engstem Raum zusammenleben, hat alles, was einer tut, Auswirkungen auf die anderen. Unmittelbare, physische Auswirkungen. Das lernt jedes Kind.

Dieser Raum ist ein Ort unablässigen Verhandelns, das rücksichtsvoll oder brutal, versöhnlich oder rechthaberisch, unbedacht oder berechnend sein kann. Aber die Beteiligten wissen, dass es bei diesem Austausch nicht um etwas Abstraktes geht, sondern um einen physischen Ausgleich. Die komplizierte Zeichensprache ihrer Hände und all ihre Gesten bezeugen das. Jenseits der Mauern ist Kooperation so natürlich wie Streit; kleine Gaunereien sind an der Tagesordnung, und Intrigen, bei denen es gilt, Abstand zu nehmen, sind selten.

Das Wort ›privat‹ hat diesseits und jenseits der Mauer eine völlig andere Bedeutung. Auf der einen Seite bezeichnet es Eigentum, auf der anderen Seite das Verständnis dafür, dass jemand eine Weile für sich bleiben möchte, als wäre er allein.

Auch der Handlungsspielraum ist begrenzt. Die Armen treffen genauso oft Entscheidungen wie die Reichen, wenn nicht sogar öfter, denn jede ihrer Entscheidungen ist härter. Für sie gibt es keine Farbpalette, aus der sich zwischen 170 verschiedenen Schattierungen auswählen ließe. Sie sind mit zwei Alternativen konfrontiert, es gibt nur ein Entweder-Oder. Ihre Entscheidungen haben oft etwas Schroffes, schließen sie doch die Zurückweisung dessen ein, was sie nicht gewählt haben. Jede Entscheidung kommt einem Opfer gleich. Und die Summe aller Entscheidungen ist das Schicksal eines Menschen.

9

Es gibt keine Entwicklung (auf der anderen Seite der Mauer wird dieses Wort in Großbuchstaben geschrieben, wie ein Glaubenssatz) und keine Versicherung. Weder eine offene noch eine sichere Zukunft. An Zukunft denkt niemand. Dennoch gibt es Kontinuität; Generation reiht sich an Generation. Daher auch der Respekt vor dem Alter, denn die Alten sind der Beweis für diese Kontinuität – die Alten bekunden sogar, dass es einst, vor langer Zeit, eine Zukunft gegeben hat. Die Zukunft, das sind die Kinder. Zukunft, das ist der unaufhörliche Kampf, dass sie genug zu essen haben und manchmal die Chance bekommen, in der Schule etwas zu lernen, was die Eltern nie gelernt haben.

»Nachdem sie sich satt gesprochen hatten, umarmten sie sich, sie wollten jetzt sofort glücklich sein, noch ehe ihre fleißige Arbeit für das persönliche und allgemeine Glück Früchte trug. Kein Herz duldet Aufschub, es schmerzt, es glaubt niemandem ganz.«[12] Hier ist das einzigartige Geschenk der Zukunft die Sehnsucht. Die Zukunft lenkt die Kraft der Sehnsucht auf sich selbst. Die Jungen hier sind auf gewagtere Weise jung als die auf der anderen Seite der Mauer. Das Geschenk ihrer Jugend offenbart sich als eines der Natur – mit ihrem Vorwärtsstürmen, ihrer grenzenlosen Selbstsicherheit. Religiöse und soziale Regeln gelten weiterhin. Ja, im Chaos, das nur ein vermeintliches ist, werden diese Regeln erst real. Doch die stille Sehnsucht nach Fortpflanzung ist evident und überwältigend. Es ist dieselbe Sehnsucht, mit der man Nahrung für die Kinder sucht, um danach, früher oder später (besser früher), Trost im nächsten Beischlaf zu finden. Das ist das Geschenk der Zukunft.

10

Die Massen kennen Antworten auf Fragen, die noch niemand gestellt hat, und sie besitzen die Fähigkeit, die Mauern zu überleben.

Die Fragen sind noch nicht gestellt worden, weil man dafür Wörter und Begriffe bräuchte, die wahrhaftig klingen. Doch die, die man heute zur Beschreibung von Ereignissen verwendet – Demokratie, Freiheit, Produktivität usw. –, wurden ihres Sinns entleert.

Sobald es neue Begriffe gibt, wird man die Fragen stellen, denn Geschichte besteht genau darin: Fragen zu stellen. Wann wird es soweit sein? In der nächsten Generation.

Vorerst gibt es Antworten zuhauf. Sie liegen in der Erfindungsgabe der Massen, sich irgendwie durchzuschlagen; in ihrer Weigerung, Grenzen anzuerkennen; in ihrer Bereitschaft, nach einem Schlupfloch in den Mauern zu suchen, Kinder über alles zu lieben, notfalls zum Märtyrer zu werden, an Kontinuität zu glauben; und in der immer wiederkehrenden Erkenntnis, dass die Geschenke des Lebens klein sind und von unschätzbarem Wert.

Zeichne heute Nacht vor dem Schlafengehen seinen (ihren) Haaransatz mit dem Finger nach.

(Oktober 2004)

Fleisch und Worte

»Alle waren wie gelähmt. Wir sahen ein zuckendes Licht und dachten, es brennt. Erst bekamen wir die Tür des Wagens nicht auf; als wir ausstiegen, sahen wir Schwerverletzte im Tunnel.« Das sind die Worte von Loyita Worley, die am Donnerstag, den 7. Juli, kurz vor 9 Uhr morgens in einem Zug der Circle Line nach Aldgate saß.

Menschen im Untergrund sind geschützt und hilflos zugleich. Tunnel sind Fluchtwege und schreckliche Fallen. Der Staub in einem versperrten Tunnel ist erstickend.

Menschen in die Luft zu sprengen, die morgens mit öffentlichen Verkehrsmitteln zur Arbeit fahren, ist ein schändlicher und heimtückischer Anschlag auf Wehrlose. Die Opfer erleiden schlimmere und ungleich längere Qualen als die Selbstmordattentäter. Und dieses Leiden gibt ihnen das unbestreitbare Recht zu richten.

Es sind aber andere, die Politiker, die herbeieilen (von Gleneagles [13] nach London), um in deren Namen das Wort zu ergreifen, während sie doch nur ihre eigenen Interessen verfolgen. Dazu müssen sie grob vereinfachen, Begriffe verwenden, die gezielt verwirren, und vor allem versuchen, sich selbst und ihre Vergangenheit zu rechtfertigen – wie eklatant auch immer die Fehler sind, die sie begangen haben.

Nicht einmal das schuldlose Erleiden von Schmerzen und seelischen Qualen, die zu lindern und über die hinwegzutrösten sie gekommen waren, scheint ihnen Einhalt zu

89

gebieten und sie auch nur für einen Augenblick zögern zu lassen.

»Ich schloss immer wieder die Augen und dachte an draußen. Es war schlimm, weil alle Lichter ausgegangen waren und wir vom Fahrer nichts hörten, und wir fragten uns, wie es ihm wohl gehe.« (Fiona Trueman, in einem Zug der Piccadilly Line.)

Die Ruhe und Gelassenheit, mit der die Londoner die Grausamkeit der Explosionen sowie das Martyrium erduldeten, auf ein Lebenszeichen von geliebten Menschen warten zu müssen, die sich möglicherweise am Ort der Anschläge aufhielten (diese Stille, die wie ein Messer in die Herzkammern schneidet), beeindruckte die Weltöffentlichkeit ebenso wie die Ruhe und Gelassenheit der Bevölkerung Madrids im Jahr zuvor. Man könnte meinen, dass diese Ruhe klares und vor allem scharfsinniges Denken begünstigt. In Spanien war dies unter den gegebenen Umständen möglich, und eine der ersten Amtshandlungen der neu gewählten Regierung war der Abzug der spanischen Truppen aus dem Irakkrieg, einem Krieg, den die Mehrheit der Spanier entschieden ablehnte.

Dieser Krieg, der dem Land, das man befreien wollte, nichts als Chaos und Zerstörung brachte, war offenkundig gescheitert. Der Premierminister und die Regierung in London aber, die ein protestierendes Land in einen sinnlosen Krieg gezerrt hatten, fühlten sich durch die grausamen Anschläge gegen Menschen, die ganz bescheiden zur Arbeit gingen, in ihrer Unversöhnlichkeit nur bestärkt.

Am Morgen der Explosionen erklärte Blair in der Downing Street: »(Terroristen) versuchen, uns durch die Ermordung unschuldiger Menschen einzuschüchtern und zu ängstigen, damit wir nicht das tun, was wir zu tun beabsichtigen. Sie versuchen, uns daran zu hindern, unseren Aufgaben nachzukommen ...«

Diejenigen, die sagen, al-Qaida sei schon vor dem Einmarsch im Irak aktiv gewesen, weshalb die Kämpfe in Bagdad und Falludscha mit den Bombenattentaten in London nichts zu tun hätten, behaupten dies wider besseres Wissen. Dieselbe böse Absicht ermutigte sie auch zur Lüge über Massenvernichtungswaffen, die gar nicht existierten. Gewiss, bin Laden hatte seine Angriffe gegen den Westen schon vor dem Irakkrieg geplant, aber dieser Krieg und das, was dort passierte und passiert, führt al-Qaida immer neue Rekruten zu. Eliza Manningham-Buller, Chefin des britischen Inlandsgeheimdienstes MI-5, soll die G8-Staaten vor der Gefahr »einer neuen Generation von Fanatikern im Zuge des Irakkriegs« gewarnt haben. Und man darf annehmen, sie weiß, wovon sie spricht.

Die brutalen Anschläge waren zeitlich genau auf das G8-Treffen 2005 abgestimmt, dessen Vorsitz der britische Premierminister führte. Was bei diesem Treffen geschah, ist nicht etwa eine andere Geschichte, sondern ein weiteres Kapitel derselben Geschichte. In diesem Zusammenhang sollte man einmal nicht den Koran, sondern das Verhalten der reichsten Länder und Konzerne der Welt studieren. Diese Konzerne führen einen unablässigen ›Dschihad‹ gegen jeden, der sich der Maximierung ihres Profits entgegenstellt.

Der Krieg im Irak stand 2005 sinnigerweise nicht auf der Agenda der G8. Erklärtes und vorrangiges Ziel war es, sich auf Maßnahmen zur Bekämpfung der verheerenden globalen Erwärmung und der Armut in Afrika zu einigen.

Vor dem Treffen riefen Stimmen aus der ganzen Welt –
Ökonomen, Rocksänger, Ökologen, Musiker, religiöse Ober-
häupter – im Namen des Gewissens und der Solidarität
dazu auf, neue, beispiellose Entscheidungen zu treffen und
einen Wandel einzuleiten, der dem Planeten eine Zukunft
sichert. Und was ist passiert? Wenn man wie ein Lumpensammler die rhetorischen Phrasen durchstöbert hat: so gut
wie nichts. Ein kleiner Tanz der Statistiken. Aber was kam
für den Lumpensammler unterm Strich heraus – nichts.
Warum?

Fanatismus entsteht aus jeglicher Form selbstgewählter
Blindheit, die mit dem Festhalten an einem einzigen
Dogma verbunden ist. Das Dogma der G8 lautet, das Profitstreben zum Leitprinzip der Menschheit zu erheben und
ihm als Illusion alles zu opfern, was die Traditionen der
Vergangenheit und die Bestrebungen der Zukunft ausmacht.

Der sogenannte Krieg gegen den Terrorismus ist in Wirklichkeit ein Krieg zwischen zwei Formen des Fanatismus.
Sie auf eine Stufe zu stellen erscheint ungeheuerlich.
Der eine ist theokratisch, der andere positivistisch und sä-
kular. Der eine besteht im glühenden Glauben einer be-
drängten Minderheit, der andere in der fraglos hingenom-
menen Anmaßung einer amorphen, selbstbewussten Elite.
Der eine tötet, der andere plündert, zieht sich zurück und
lässt sterben. Der eine ist rigoros, der andere lax. Der eine
duldet keine Debatte, der andere ›kommuniziert‹ und versucht, seine Verlautbarungen in alle Winkel der Erde zu
verbreiten. Der eine beansprucht das Recht, unschuldiges
Blut zu vergießen, der andere das Recht, das Wasser des
gesamten Planeten zu verkaufen. Ungeheuerlich, sie miteinander zu vergleichen!

Und dennoch: Das *Ungeheuerliche* dessen, was in den Zügen der Piccadilly Line, der Circle Line und in Bus Nr. 30 geschah, war das Missgeschick Tausender wehrloser Menschen, die nur den täglichen Überlebenskampf bestehen und ihrem Dasein einen Sinn abgewinnen wollten, in das globale Kreuzfeuer dieser beiden Fanatismen geraten zu sein.

Der Dichter John Keats schrieb: »Fanatiker haben ihre Träume, aus denen sie ein Paradies für eine Sekte weben.« All jene, die keiner Sekte angehören, würden es vorziehen, nicht in einem Paradies, sondern hier, auf dieser Erde, zusammenzuleben.

(Juli 2005)

Über den Realitätsverlust

Bisweilen kann eine Frage der Situation angemessener sein als Antworten und Erklärungen. Ich bin mir nicht sicher, ob die Frage, die ich stellen möchte, von dieser Art ist, denn sie erweckt den Anschein von Naivität. Trotzdem werde ich sie stellen.

Im September, nach der Katastrophe in New Orleans, deren leidvolle Auswirkungen noch über Jahre hinweg zu spüren sein werden, haben Menschen in den Vereinigten Staaten und überall auf der Welt begonnen, die Bilanz von Bush, Cheney, Rumsfeld, Rice, Rove u. a., den derzeitigen Führern der Supermacht der Ersten Welt, erneut zu prüfen.

Fast über Nacht kam es zu einem Meinungsumschwung. Die Geschichte gab plötzlich Gas und presste uns alle in unsere Sitze. Genau in dem Augenblick, als in New Orleans 20.000 Menschen verzweifelt im Superdome strandeten und dort in der Falle saßen.

Katrina – man nennt den Hurrikan bei seinem Namen, als wäre er eine Art Avatar – hat gezeigt, dass es in den Vereinigten Staaten eine bittere und stetig wachsende Armut gibt; dass Schwarze in der Regel als unerwünschte Bürger zweiter Klasse behandelt werden; dass die systematische Kürzung staatlicher Investitionen in öffentliche Einrichtungen soziale Verwerfungen und Elend zur Folge hat (40 Millionen Amerikaner erhalten im Falle von Krankheit oder Unfall keine staatliche Unterstützung); dass der sogenannte Krieg gegen den Terrorismus ein behördliches Chaos anrichtet; und dass in all dem und gegen all dies unüberhörbarer Protest laut wird.

Denen, die damit leben mussten, und denen, die es wissen wollten, war das alles schon vor Katrina bekannt. Aber jetzt endlich einmal waren die Medien vor Ort; sie zeigten, was tatsächlich los war, und führten der Öffentlichkeit die Wut der Betroffenen vor Augen. Mit einer furchtbaren Geste wischte Katrina die matten Bildschirme für einen kurzen Moment klar.

In sinnspruchartiger Weise sprachen die noch ungezählten Toten der Golfküste nicht für, sondern mit den hunderttausend Irakern, die in dem gegenwärtigen verheerenden und kriminellen Krieg starben. Ein ums andere Mal werden in der US-Presse Katrina und der Irak in einem Atemzug genannt. Aber Katrina war durchaus nichts Außergewöhnliches. Im Golf von Mexiko ist der Hurrikan ein bekanntes Wetterphänomen. Katrina versteckte sich nicht in Afghanistan. Und so gnadenlos sie war, sie gehörte keiner Achse des Bösen an. Sie war schlicht und einfach eine natürliche Bedrohung von Leben und Besitz der Amerikaner, und sie nahm Kurs auf Louisiana.

Es lag nicht nur im nationalen Interesse der Vereinigten Staaten, sondern auch im ureigenen Interesse des Präsidenten und seiner auserwählten Kollegen, sich dieser Herausforderung zu stellen, für die Not der Opfer Vorkehrungen zu treffen und Leid und Entsetzen nicht ausufern zu lassen. Wenn sie, die Regierung, an dieser Aufgabe scheiterte, würde sie niemandem die Schuld geben können, vielmehr würde man ihr selbst die Schuld zuschreiben. Jedes Kind konnte das vorhersehen. Und sie hat kläglich versagt. Sie hat technisch, politisch und emotional versagt.

»Stuff happens«, murmelt Donald Rumsfeld, »kann passieren«.

Ist diese Regierung womöglich wahnsinnig? So lautet meine naive Frage. Moment mal. Versuchen wir, diese Spielart des Wahnsinns genauer zu definieren, denn vielleicht ist sie ja ein ganz neuartiges Phänomen. Dieser Wahnsinn hat beispielsweise wenig zu tun mit Nero, der die Saiten zupfte, während Rom brannte. Allerdings geht mit jeder Form von Wahnsinn ein schwerer Realitätsverlust einher, genauer gesagt, ein Verlust des Gegenwartsbezugs.

Bei jener Spielart des Wahnsinns, mit der wir es hier zu tun haben, geht es um das Verhältnis von Angst und Zuversicht, von Bedrohtsein und dem Gefühl der Überlegenheit. Zwischen beiden findet kein Ausgleich statt. Der >Wahnsinn<, von dem hier die Rede ist, funktioniert wie ein Schalter, der abrupt das eine aus- und das andere anknipst. Und das ist bedenklich. Denn in dem langwierigen Prozess der Vermittlung zwischen Angst und Zuversicht wird normalerweise das Gegenwärtige in seiner vielgestaltigen Komplexität sorgfältig geprüft und begutachtet. Und dabei wird einem klar, womit man es zu tun hat. Bei einem binären >Wahnsinn< ist dies ausgeschlossen.

2003 verkündete Präsident Bush auf dem Flugzeugträger >Abraham Lincoln<: Mission accomplished, der Auftrag im Irak ist ausgeführt! In gewisser Weise ähnelt diese binäre Störung dem Mechanismus eines Aktienmarktes, bei dem es nur Kaufen oder Verkaufen gibt sowie die beiden Pole Stier und Bär und bei dem alles andere – das Was, Wie und Wo – so gut wie ausgeblendet bleibt.

Die Analysten der Wall Street prophezeien den texanischen Ölgesellschaften infolge der durch die Golfkatastrophe verursachten Ölknappheit steigende Profite.

Fünf Tage, nachdem Katrina zugeschlagen hatte, als Präsident Bush endlich die verwüstete Stadt besuchte, überraschte er die Journalisten mit der Bemerkung: »Ich glaube nicht, dass irgendjemand damit gerechnet hat, dass die Dämme brechen könnten.«

Am selben Tag, an dem der Präsident dem zerstörten Städtchen Biloxi einen Blitzbesuch abstattete, war ein Team dort gewesen, das Schutt und Leichen auf der Route wegräumte, die er und seine Eskorte nehmen würden. Zwei Stunden später war das Team wieder verschwunden und beließ alles Übrige in der Stadt so, wie es war. Das Umfeld blieb so gut wie ausgeblendet.

Dies als herzlos oder zynisch zu bezeichnen verfehlt die Diagnose. Bushs Besuche waren planmäßige Operationen, der Auftakt zu seiner Beteuerung, dass »wir der Welt abermals zeigen werden, dass im schlimmsten Unglück das Beste an Amerika zum Vorschein kommt.« Schalter umgelegt.

Das Kalkül der derzeitigen US-Regierung ist eng verknüpft mit globalen unternehmerischen Interessen und mit dem, was man ›Survival of the richest‹ genannt hat, ›nur die Reichsten überleben‹. Auch sie sind heute zwischen Angst und Zuversicht hin und her gerissen.

Von dem Ökonomen Grover Norquist, einem wichtigen Vertreter von Unternehmensinteressen, auf den Bush & Co. bei der Planung ihrer Steuerreform zugunsten der Reichen hörten, ist der Satz bezeugt: »Ich will den Staat nicht abschaffen. Ich möchte ihn nur klein genug kriegen, um ihn ins Badezimmer schleifen und in der Badewanne ertränken zu können.«

Das Nicht-zur-Kenntnis-Nehmen von fast allem, was existiert, sowie der Verzicht selbst auf ein Minimum dessen, was man von einer Regierung erwarten darf – haben wir es bei einem Realitätsverlust solchen Ausmaßes etwa nicht mit etwas zu tun, das wir Wahnsinn nennen sollten, wenn wir es in den Köpfen derjenigen feststellen, die glauben, sie wären in der Lage, die Welt zu regieren?

Jeder politische Führer hat bisweilen eine lange Leitung, wenn es um die Wahrheit geht, in diesem Fall aber sind die Verbindungen systematisch falsch gepolt. Und das betrifft nicht nur öffentliche Erklärungen, sondern jedes einzelne strategische Kalkül. Daher die Unfähigkeit der politischen Führung. Ihre Operation in Afghanistan ist gescheitert, und ihr Krieg im Irak wurde (wie es heißt) vom Iran gewonnen; sie ließ zu, dass Katrina die größte Naturkatastrophe der US-amerikanischen Geschichte verursachte; und die terroristischen Aktivitäten mehren sich.

Auf meinem Mobiltelefon erhielt ich eine Textnachricht der Telefongesellschaft Orange. Darin hieß es, wenn ich den Obdachlosen und Gestrandeten in Louisiana helfen wolle, solle ich das Wort ›Flood‹ (Überschwemmung) eintippen und an eine bestimmte Nummer schicken, dann würden fünf Dollar von meinem Konto abgebucht und umgehend an eine Hilfsorganisation weitergeleitet.

Ich würde gern ein paar Wörter mehr eintippen und in Umlauf bringen: WIE LANGE NOCH BLEIBT DIE GLOBALE MACHT IN DEN TAUBEN HÄNDEN DIESER NICHTSWISSER?

(September 2005)

Zehn Briefe über Orte

1

Jemand will wissen: Sind Sie immer noch Marxist? Nie zuvor hat das vom Kapitalismus diktierte Profitstreben eine größere Zerstörung angerichtet als heute. Das weiß so gut wie jeder. Wie also kann man Marx nicht beipflichten, der diese Zerstörung prophezeit und analysiert hat? Die Antwort könnte lauten, dass die Leute, viele Leute, völlig die politische Orientierung verloren haben. Ohne Karte wissen sie nicht, wohin sie unterwegs sind.

2

Tagtäglich folgen Menschen Schildern an einen Ort fernab ihrer Heimat, und sie folgen einem selbstgewählten Ziel. Es sind Straßenschilder, Hinweisschilder zum Flughafen oder zum Bahnhof. Einige der Reisenden sind zum Vergnügen, andere geschäftlich unterwegs, viele, weil sie alles verloren haben und verzweifelt sind. Bei ihrer Ankunft erkennen sie dann, dass dies nicht der Ort ist, zu dem ihnen die Schilder den Weg gewiesen haben. Längen- und Breitengrad, Ortszeit und Währung stimmen zwar, aber dem Ort fehlt die spezifische Schwerkraft des Ziels, das sie im Auge hatten.

Sie befinden sich außerhalb jenes Ortes, zu dem sie aufgebrochen sind. Die Entfernung, die sie von ihm trennt, ist nicht zu ermessen. Sie kann ebenso gut die Breite einer Hauptverkehrsstraße betragen wie eine ganze Welt. Der

Ort hat verloren, was ihn zu einem Reiseziel machte. Es fehlt ihm das Territorium der Erfahrung.

Einige gehen auf eigene Faust los und kommen da an, wo sie hinwollten. Dieser Ort ist oft sehr viel härter als gedacht, trotzdem sind sie grenzenlos erleichtert. Viele schaffen es nie. Sie akzeptieren die Schilder, denen sie folgen, und es ist, als reisten sie gar nicht, sondern blieben da, wo sie schon immer waren.

3

Monat für Monat verlassen Millionen ihre Heimat. Sie brechen auf, weil es dort nichts gibt außer *allem*, was sie haben, und das reicht nicht aus, um ihre Kinder zu ernähren. Früher schon. Das ist die Armut des neuen Kapitalismus.

Nach langen und schrecklichen Überfahrten, nachdem sie erfahren mussten, zu welchen Gemeinheiten andere fähig sind, nachdem sie gelernt haben, ihrem eigenen Mut zu vertrauen, der so beispiellos ist wie verbissen, finden sich die Emigranten an irgendeiner Transitstation eines fremden Landes wieder, und jetzt haben sie von ihrem Heimatkontinent nur noch *sich selbst*: ihre Hände, ihre Augen, ihre Füße, ihre Schultern und ihren Körper, das, was sie auf dem Leib tragen und was sie sich nachts zum Schlafen über den Kopf ziehen, weil sie kein Dach haben.

Manche der Fotos, die Anabell Guerrero im Flüchtlings- und Emigrantenlager des Roten Kreuzes in Sangatte (bei Calais) gemacht hat, helfen uns zu verstehen, dass die Finger eines Mannes alles sind, was von einem Stück bestellter Erde, die Innenfläche seiner Hand alles, was von einem Flussbett noch geblieben ist, und dass in seinen Augen das Bild eines Familientreffens aufscheint, an dem er nicht mehr teilnehmen wird.

4

»Ich gehe gerade die Treppe zur U-Bahn runter, Linie B. Ganz schön voll hier. Wo bist du? Tatsächlich? Wie ist das Wetter? Ich muss einsteigen – ruf dich später an ...«

Von den Milliarden Handytelefonaten, die jede Stunde in den Städten und Vorstädten dieser Welt geführt werden, beginnen die meisten, ob privat oder geschäftlich, mit einer Angabe des Orts, an dem sich der Anrufer befindet. Die Leute haben das Bedürfnis, als Erstes zu sagen, wo sie sich gerade aufhalten. Als plagten sie Bedenken, sie könnten nirgendwo sein. Umgeben von so vielen Abstraktionen, müssen sie flüchtige Orientierungspunkte imaginieren und mitteilen.

Vor mehr als dreißig Jahren schrieb Guy Debord prophetisch: » ... die Akkumulation der für den abstrakten Raum des Marktes massenproduzierten Waren brach nicht nur alle regionalen und gesetzlichen Schranken und alle korporativen Beschränkungen des Mittelalters, welche die Qualität der handwerklichen Produktion bewahrten, sie zerstörte auch die Autonomie und die Qualität der Orte.«[14]

Der Schlüsselbegriff des gegenwärtigen globalen Chaos heißt De- oder Relokalisierung. Gemeint ist nicht nur die gängige Praxis, die Produktion dorthin zu verlagern, wo die Arbeitskräfte am billigsten und die Regulierungen minimal sind. Gemeint ist auch der wahnsinnige Traum der neuen herrschenden Macht von einem Offshore-Standort: der Traum, nicht nur den Status aller bisher fest verankerten Orte zu untergraben, sondern auch noch das Vertrauen, das man in sie gesetzt hat, damit die ganze Welt ein einziger fließender Markt werde.

Ein Konsument ist seinem Wesen nach jemand, der sich verloren fühlt, wenn er nicht konsumiert – oder dem man dieses Gefühl eingeredet hat. Markennamen und Logos werden zu Ortsnamen des Nirgendwo.

Eine gängige Strategie, die eigene Heimat gegen Invasoren zu verteidigen, bestand einst darin, die Straßenschilder zu vertauschen, so dass der Wegweiser nach Zaragoza in die entgegengesetzte Richtung, nämlich nach Burgos, zeigte. Heute sind es nicht die Verteidiger, sondern fremde Invasoren, die die Schilder vertauschen, um die einheimische Bevölkerung zu verwirren, bis sie nicht mehr weiß, wer wen regiert, was Glück bedeutet, wie groß ein Schmerz sein kann oder wo die Ewigkeit zu finden ist. Das Ziel all dieser Irreführungen besteht darin, die Leute zu überzeugen, dass ihr einziges Heil darin liegt, Kunde zu sein.

Und einen Kunden definiert lediglich, wo er sein Geld abhebt und bezahlt, nicht mehr, wo er lebt und stirbt.

5

Ausgedehnte, ehemals ländliche Gebiete werden heute in Zonen verwandelt. Dieser Prozess verläuft unterschiedlich von Kontinent zu Kontinent, in Afrika, Mittelamerika und Südostasien. Der Anstoß zu dieser Zergliederung allerdings kommt stets von außen, von unternehmerischen Interessen, die mit unersättlicher Gier mehr und immer mehr akkumulieren, mit anderen Worten, natürliche Ressourcen an sich reißen wollen (Fische im Viktoriasee, Holz im Amazonasgebiet, Erdöl, wo immer es welches gibt, Uran in Gabun usw.), ganz gleich, wem das Land oder das Gewässer gehört. Die Ausbeutung der Ressourcen macht schon bald den Bau von Flughäfen, militärischen und paramilitärischen Stützpunkten erforderlich, um zu schützen, was abgeschöpft wurde, aber auch die Zusammenarbeit mit den örtlichen

Mafiosi. Stammeskriege, Hungersnöte und Völkermord sind die Folge.

Die Menschen in solchen Zonen verlieren jedes Gefühl für die Bewohnbarkeit dieses Ortes: Aus Kindern werden Waisen (selbst wenn sie es nicht sind), aus Frauen Sklavinnen, aus Männern Desperados. Ist es erst einmal so weit gekommen, dauert es mehrere Generationen, um ein Gefühl für Häuslichkeit wiederherzustellen. Jedes weitere Jahr der Akkumulation verlängert dieses räumliche und zeitliche Nirgendwo.

6

In der Zwischenzeit – und politischer Widerstand beginnt oft in einer Zwischenzeit – ist es das Wichtigste, zu begreifen und daran zu erinnern, dass die Profiteure des gegenwärtigen Chaos mit ihren in die Medien eingeschleusten Kommentatoren unaufhörlich für Desinformation und Desorientierung sorgen. Ihre Erklärungen werden niemanden irgendwohin bringen.

Die Informationstechnologie, welche die Großkonzerne und ihre Armeen zum Zweck einer noch zügigeren Beherrschung ihres Nirgendwo entwickelt haben, dient jedoch auch anderen als Kommunikationsmittel – denen, die sich bemühen, ein Überall zu erreichen.

Der karibische Schriftsteller Édouard Glissant hat es treffend formuliert: » ... Widerstand zu leisten gegen die Globalisierung bedeutet nicht, zu leugnen, dass die Wirklichkeit global geworden ist, sondern sich die endliche Summe aller möglichen Partikularitäten vor Augen zu halten und sich an den Gedanken zu gewöhnen, dass, solange auch nur eine einzige dieser Partikularitäten unberücksichtigt bleibt, die Globalisierung nicht das ist, was sie für uns sein sollte.«

Wir setzen unsere eigenen Orientierungspunkte, wir benennen Orte, entdecken Gedichte. Ja, in der Zwischenzeit entdecken wir Gedichte.

Gareth Evans:

Wie der Backstein des Nachmittags die rosige Hitze
der Reise bewahrt,
wie sich die Rose in einem grünen Atemzug entfaltet
und im Wind erblüht,
wie die schlanken Birken ihre Geschichten vom Wind
den Verzweifelten in den Lastwagen zuflüstern,
wie die Blätter der Hecke das Licht bewahren,
das der Tag schon für verloren hielt,
wie das Nest
ihres Handgelenks pocht wie das Herz eines Sperlings
in der wirbelnden Luft,
wie die Stimmen des irdischen Chors ihre Augen im
Himmel finden
und sie einander in tiefer Dunkelheit enthüllen,
so bewahre alles im Herzen.[15]

7
Ihr Nirgendwo erzeugt eine fremde, bisher ungekannte Wahrnehmung der Zeit. Der digitalen Zeit. Sie geht endlos weiter, ununterbrochen, durch Tag und Nacht, den Wechsel der Jahreszeiten, Geburt und Tod. Gleichgültig wie das Geld. Doch obwohl sie stetig fließt, verbindet sie sich dennoch mit keinem Ereignis. Es ist die Zeit der reinen Gegenwart, losgelöst von Vergangenheit und Zukunft. In ihr hat nur das Jetzt Gewicht, Vergangenheit und Zukunft besitzen keine Schwerkraft. Die Zeit ist nicht länger eine

Kolonnade, sondern eine einzige Säule aus Einsen und Nullen. Eine vertikale Zeit, umgeben von nichts als reiner Abwesenheit.

Lies ein paar Seiten Emily Dickinson und sieh dir dann Lars von Triers Film *Dogville* an. In Emily Dickinsons Gedichten ist die Präsenz des Ewigen in jeder Zäsur zu spüren. Der Film dagegen zeigt schonungslos, was geschieht, wenn jede Spur des Ewigen aus dem Alltagsleben getilgt ist. Die Wörter und die ihnen zugehörige Sprache, beides wird seiner Bedeutung beraubt.

In einer isolierten Gegenwart, in einer digitalen Zeit kann man keinen Raum betreten.

8

Orientieren wir uns nun mithilfe eines anderen Zeitmaßes. Spinoza zufolge ist das Ewige *jetzt*. Es ist nicht etwas, das vor uns liegt, sondern etwas, das uns in jenen kurzen und doch zeitlosen Momenten begegnet, in denen alles mit allem in Einklang steht und jeglicher Austausch möglich ist.

In ihrem Buch *Hoffnung in der Dunkelheit* zitiert Rebecca Solnit die sandinistische Dichterin Gioconda Belli, die den Moment beschreibt, als in Nicaragua die Somoza-Diktatur gestürzt wurde: »Zwei Tage, an denen es war, als bringe uns ein Zauber der Geschichte zum ersten Schöpfungstag zurück, genau an den Ort der Erschaffung der Welt.«[16] Durch die Tatsache, dass die Vereinigten Staaten und ihre Söldnertruppen später die Sandinistas vernichteten, wird dieser Moment, der in Vergangenheit, Gegenwart und Zukunft existiert, in keiner Weise geschmälert.

9

Einen Kilometer weiter auf der Straße, in der ich diese Zeilen schreibe, liegt ein Feld, auf dem vier kleine Esel grasen, zwei Stuten und zwei Fohlen. Es ist eine besonders kleinwüchsige Art. Wenn die Stuten ihre schwarzgeränderten Ohren aufrichten, reichen sie mir gerade bis zum Kinn. Die Fohlen, erst wenige Wochen alt, sind so groß wie große Terrier, mit dem Unterschied, dass ihr Kopf fast so breit ist wie ihre Flanken.

Ich klettere über den Zaun und setze mich ins Feld, an den Stamm eines Apfelbaums gelehnt. Die Esel haben ihre eigenen Spuren gezogen, einige verlaufen unter sehr niedrigen Ästen, unter denen ich mich ducken müsste. Sie beobachten mich. Es gibt zwei Stellen ohne Gras, nur mit rötlicher Erde, und eine dieser Stellen suchen sie mehrmals am Tag auf, um sich auf dem Rücken zu wälzen. Zuerst die Stute, dann das Fohlen. Die Fohlen haben bereits den schwarzen Streifen quer über den Schultern.

Jetzt kommen sie auf mich zu. Sie riechen nach Esel und Kleie – anders als Pferde, viel unaufdringlicher. Die Stuten berühren mit ihren Unterkiefern meinen Scheitel. Ihre Schnauzen sind weiß. Um ihre Augen schwirren Fliegen, die sehr viel aufgeregter sind als der fragende Blick der Tiere.

Wenn sie am Rand des Wäldchens im Schatten stehen, verschwinden die Fliegen, und die Esel stehen oft eine halbe Stunde lang fast regungslos. Um die Mittagszeit vergeht die Zeit im Schatten langsamer. Wenn eines der Fohlen trinkt (Eselsmilch ist der menschlichen Muttermilch am ähnlichsten), legt die Stute ihre Ohren so zurück, dass sie auf den Schwanz zeigen.

Umstanden von allen Vieren im Sonnenschein, richtet sich meine Aufmerksamkeit auf ihre Beine, auf alle sechzehn Beine. Ihre Schlankheit, Feinheit und beherrschte Konzentration, ihre Stabilität. (Pferdebeine wirken vergleichsweise hysterisch.) Diese Esel haben Beine, mit denen sie Berge überwinden, die kein Pferd meistern kann. Beine, um Lasten zu tragen, was unvorstellbar scheint, wenn man nur die Knie, die Schienbeine und Fesseln, die Sprunggelenke, Vorderbeine, Fesselgelenke und Hufe betrachtet! Eselsbeine.

Sie ziehen ab, mit gesenkten Köpfen, und grasen, und ihren Ohren entgeht nichts; ich öffne die Augen und beobachte sie. Unsere Art der Kommunikation zur Mittagszeit, wenn wir einander Gesellschaft leisten, besitzt ein Substrat, das ich nur als Dankbarkeit beschreiben kann. Vier Esel auf einem Feld.

10

Ja, unter anderem bin ich immer noch Marxist.

(Juni 2005)

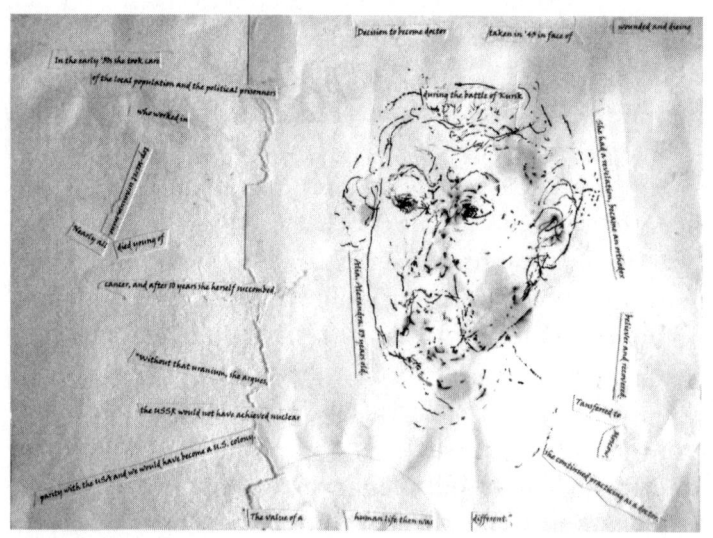

In the early '90s she took care
of the local population and the political prisoners
who worked in

"Nearly all" died young of

cancer, and after 10 years she herself succumbed

"Without that uranium, she argues

the USSR would not have achieved nuclear

parity with the USA and we would have become a U.S. colony

Decision to become doctor   taken in '43 in face of   wounded and dieing

during the battle of Kursk

she held a revolution, became an insider

Interior and recovered

Transferred to

she continued practising as a doctor

Min. Alexandra, 87 years old

"The value of a   human life then was   different."

Die Vergangenheit ausradieren.
Anmerkungen zu einer Zeichnung

Äußere Erscheinungsbilder lassen sich wie Worte lesen, und von diesen äußeren Erscheinungsbildern ist das menschliche Gesicht der längste Text. Alexandra war dieses Frühjahr zum ersten Mal in Paris, sie ist dreiundachtzig Jahre alt. Bis vor wenigen Jahren arbeitete sie als Ärztin in Moskau. Sie wurde in Kursk geboren, 800 Kilometer südlich der Hauptstadt. Ich lernte sie dank russischer Freunde kennen, und zu viert saßen wir um einen Tisch im Garten eines Hauses in einem Vorort südlich von Paris und aßen zu Abend.

Ich wollte wissen, was sie veranlasst hat, Medizin zu studieren. Die zahllosen Sterbenden und Verwundeten in der Schlacht um Kursk, antwortete sie. Nach Stalingrad ebnete erst diese Schlacht der Roten Armee den Weg nach Berlin.

Das Gespräch im Garten verlief gemächlich. Sie sieht erheblich jünger aus, als sie ist, und hat eine schwebende, beiläufige und gleichzeitig überlegte Art zu sprechen. Bei Einbruch der Dämmerung holten wir Kerzen heraus. Wenn man ihr zuhörte, dachte man unwillkürlich an Heideggers Satz: »Die Sprache ist das Haus des Seins.« Alexandra schafft es, dass man sich in diesem Haus heimisch fühlt.

Gleich nach dem Ende ihrer Ausbildung in den fünfziger Jahren schickte man sie als Ärztin in ein Uranbergwerk nach Turkmenistan. Die Minenarbeiter waren *Zeks*, politische Gefangene aus dem Gulag. Die UdSSR brauchte damals dringend Uran zur Herstellung von Bomben, um als Atommacht mit den USA gleichzuziehen und das bis 1989 geltende >Gleichgewicht des Schreckens< zu etablieren. Wie nicht anders zu erwarten, erkrankten nach ein paar Jahren fast alle Kumpel an Krebs. Ich auch, sagte Alexandra. Ich betete, und ich wurde gesund, und ich kehrte nach Moskau zurück, wo ich noch vierzig Jahre lang als Kinderärztin arbeitete.

Sie redete, sie aß und sie lachte im Garten –
Wie erklären Sie sich Ihre Energie?
Die Menschen! Es ist ganz einfach, ich liebe die Menschen –

Während der Abend so weiterging, verspürte ich plötzlich den Wunsch, sie zu zeichnen. Ich suchte ihren Blick, und sie nickte.

Später, bevor sie aufstand, um zu gehen, bat ich sie, sich eine der beiden Zeichnungen auszusuchen, die ich von ihr gemacht hatte. Sie wählte die schwächere. Ich glaube, mit Absicht; sie wollte, dass ich die stärkere behielt.

Als ich am nächsten Morgen die Zeichnung betrachtete, schien es mir, als verlangten die Linien des Gesichts nach solchen der Worte.

*

In jener Woche erschien in der Weltpresse ein Foto von Bernard Kon, einem siebenundneunzigjährigen polnischen Ingenieur aus Warschau, dem, einem neuen Gesetzentwurf zufolge, seine kleine staatliche Rente gestrichen werden sollte, weil er sich 1937 freiwillig zu den Internationalen Brigaden gemeldet und im Spanischen Bürgerkrieg auf Seiten der Republikaner gekämpft hatte.

In seinen Augen liegt ein ähnlicher Ausdruck wie in Alexandras Blick. Vielleicht weil beide dieselben Dinge gesehen haben. Beide Gesichter erzählen von persönlichen Leistungen (und Schmerzen), die keiner Anerkennung bedürfen. Denn beide vermitteln auf unterschiedliche Weise das Gefühl von Tragik und vom Triumph, sich der *Geschichte* mit aller inneren Bereitschaft gestellt zu haben, um Teil von ihr zu werden. Und merkwürdigerweise ist es gerade diese Teilhabe, die ihnen eine solch ausgeprägte *Identität* ermöglicht.

Zum Glück wurde das neue Gesetz, von dem neben Bernard Kon Tausende andere bedroht waren, für verfassungswidrig erklärt. Aber die als Vogelscheuchen auftretenden Kaczyński-Zwillinge (seit Sommer 2005 Staats- bzw. Ministerpräsident Polens) lassen in ihrem Bemühen, den Kommunismus auszulöschen, nicht nach, und das kennzeichnet heute viele politische Vorstöße.

Alle diese Vorstöße, die die komplexen Erfahrungen der Geschichte bewusst ignorieren, wollen die Vergangenheit ausradieren und damit sämtliche politischen Optionen auf das beschränken, was momentan zur Disposition steht.

Graphisch beschrieben: der lange Text des menschlichen Gesichts wird auf ein Fahndungsfoto verkürzt!

*

Die Zeichnung von Alexandra lag noch auf dem Tisch, als ich die Fahnen von Naomi Kleins eminent wichtigem Buch *The Shock Doctrine. The Rise of Disaster Capitalism* las.[17] Es untersucht den Werdegang des berühmt-berüchtigten Ökonomen Milton Friedman. In den fünfziger Jahren lehrte er an der Universität Chicago und entwickelte seine Theorie der globalen Freiheiten eines neuen Kapitalismus, der sich, von staatlichen Restriktionen unbehindert, frei entfalten kann. Ein Kapitalismus, von dem die aufstrebenden multinationalen Konzerne und die Investoren des Offshore-Banking schon lange träumten. In den siebziger Jahren wurde Friedman Wirtschaftsberater Pinochets und stellte die chilenische Wirtschaft auf den Kopf, als er seine Theorien in die Praxis umsetzte. Später wurde er Mentor und visionärer Prophet Thatchers, Reagans, der beiden Bushs, Blairs, Sarkozys ...

*

Wenn wir kein Uran abgebaut hätten, um Atomwaffen herzustellen, sagte Alexandra im Garten, wären wir heute eine amerikanische Kolonie.

Als Theoretiker erinnert Friedman in mancher Hinsicht an Dr. Seltsam: eine Geschichte von Dogmatismus, Naivität, Zynismus und dem Traum, als Retter gefeiert zu werden. (Er erhielt den Nobelpreis.) Er behauptete, eine ungezügelte, ›reine‹ Wirtschaft könnte alle Probleme lösen! Er sieht aus wie ein freundlich lächelnder Onkel, der noch niemals einen Fuß vor die Tür gesetzt hat und einen ans Fenster führt, um zu erklären, was im Leben wichtig ist und was nicht.

Er war aber auch ein praktisch denkender, durchaus skrupelloser Politiker. Er erkannte auf Anhieb, dass seine ›reine‹ Lösung des menschlichen Dilemmas von denjenigen, denen sie aufgezwungen wurde, niemals akzeptiert werden würde, es sei denn, sie befänden sich in einem regelrechten Schockzustand.

Damit Menschen sich mit Sozialhilfekürzungen, mit der Abschaffung des Mindestlohns und dem Verzicht auf Kontrolle der Arbeitsbedingungen, mit der Privatisierung von

Sozialleistungen, mit gleichen Steuern für Reiche und Arme und dem Entzug des Rechts auf wirksamen Protest abfinden – damit sie diesen Deal hinnehmen (der das genaue Gegenteil von Roosevelts New Deal ist), müssen sie zuerst in eine wirtschaftliche Katastrophe gestürzt und dann in lähmende Panik versetzt werden.

Das ist die ›Schockstrategie‹, die seit einiger Zeit die globalen Entscheidungen der G8, der Weltbank, des Internationalen Währungsfonds, der CIA-Strategen und mitunter auch der US-Streitkräfte (Kuwait, Irak) bestimmt. Manchmal wird ein Land gezielt dieser Schocktherapie unterzogen wie Chile (1973), manchmal nutzt man diesen Schockzustand opportunistisch aus wie in Russland (1991) oder in Südafrika (1996).

Die beklemmende Enthüllung von Naomi Kleins Buch ist, dass die Befürworter und Unterstützer von Friedmans ›wirtschaftlichem Schock‹ damals wie heute in enger Verbindung zu den CIA-Teams stehen (Stichwort Kubark-Handbuch), die Techniken des Kreuzverhörs unter Gewaltandrohung und physischem Schock anwenden – mit anderen Worten: Gefangene foltern.

Einen Monat vor seiner Ermordung verwies mein Freund Orlando Letelier,[18] der im Kabinett Allende Verteidigungsminister gewesen war, auf eben diesen Zusammenhang zwischen den Vorgängen in der chilenischen Wirtschaft und denen im Gefängnis, wo seine Genossen inhaftiert waren. Orlando sah aus wie ein Sänger, für den jedes seiner Lieder das letzte sein konnte.

Die zwei Arten des Schocks sind unterschiedlich, und unterschiedlich ist auch die Zerstörung, die sie anrichten. Der eine ist individuell und physisch, der andere kollektiv und ontologisch. Der eine wird gnadenlos durch Elektroschocks (mit denen sich die CIA seit den fünfziger Jahren eingehend befasst) und Entzug von Sinneseindrücken herbeigeführt, der andere durch Überwachung, Inszenierung eines wirtschaftlichen Kollaps, Demontage sozialer Infrastrukturen und durch sorgfältige Planung einer Phase entsetzlicher Armut und lähmenden Schreckens, bevor, denkbar zynisch, die Zeit für falsche Versprechungen gekommen ist. Hier wie dort dient der Schock dazu, den Widerstand zu brechen, und dies erreicht man vorrangig dadurch, dass man das Identitätsgefühl des Individuums zerstört.

Diejenigen, die die Schockbehandlung verabreichen – seien es Folterer, Ökonomen oder Vogelscheuchen –, haben im Laufe ihrer fünfzigjährigen Erfahrung gelernt, dass man die menschliche Identität am nachhaltigsten dadurch zerstört, dass man systematisch die Geschichte demontiert und zerstückelt, die sich die Menschen bis dahin über ihr eigenes Leben erzählt haben: Die Vergangenheit wird ausradiert.

Ist dies geschehen, kann jeder beliebige Slogan Anwendung finden. Mag er noch so unschuldig klingen, er ist immer politisch korrupt: Klare Zäsur. Sauberer Schnitt. Neuanfang. Das ist die Demagogie des Neoliberalismus.

*

Als Alexandra im Garten saß, fand gerade der französische Präsidentschaftswahlkampf statt. Der Stil der Hauptkandidaten war insofern bemerkenswert, als beide auf Erklärungen verzichteten. Keiner von ihnen erklärte, was derzeit in der Welt vor sich geht, wie sich dieses Geschehen auf Frankreich auswirkt, was die voraussichtlichen Folgen sein werden und welche Handlungsmöglichkeiten es somit gibt.

Beide waren orientierungslos. Und sie waren deshalb orientierungslos, weil sie es nicht wagten, über die Geschichte zu sprechen. Nur ein paar demagogische Bezugnahmen, die eine oder andere Debatte über aktuelle lokale Statistiken, aber ohne die historischen Zusammenhänge herauszulesen, ohne eine historische Lebenszeit zu berücksichtigen, ohne ein Gespür für die Geschichten, die Menschen einander erzählen, um ihrem Lebenskampf einen Sinn abzugewinnen. Und das angesichts einer Wählerschaft, die bis vor kurzem noch zu den politisch aktivsten Europas gehört hatte! Eine solche Verschwörung des Schweigens verändert den Grundcharakter einer Wahl. Das oberste demokratische Prinzip ist die Rechenschaftspflicht der Gewählten ihren Wählern gegenüber: Wie sie regieren, das wird später von den Regierten beurteilt. Mit anderen Worten, die Befragung der Gewählten durch die Wähler spielt langfristig für den Prozess der Entscheidungsfindung eine wichtige Rolle. Eine Dialektik der Auseinandersetzung tritt an die Stelle blinden, undemokratischen Gehorsams.

Wenn Kandidaten darauf verzichten, ihre Sicht der Epoche, in der sie leben, und eine Überlebensstrategie darzulegen – wenn dies ungesagt und ungeschrieben bleibt, kann die Wählerschaft ihre dialektische Aufgabe nicht erfüllen, da der Dialog über das Wesentliche gar nicht stattfindet. Wenn ein Kandidat oder eine Kandidatin orientierungslos ist – oder vorgibt, es zu sein –, kommt der Wählerschaft nur noch die Rolle eines Zugpferds zu.

Diese Verschwörung des Schweigens wirkte wie eine stillschweigende Übereinkunft. Wenn die Zuschauer nur noch Kunden sind, verkümmert die Debatte zu einem Wettbewerb zwischen unterschiedlichen Stilen. Die neuesten Umfrageergebnisse sind wichtiger als eine gemeinsame Zukunftsvision, und Selbstvermarktung wird zur Pflicht.

Beide Kandidaten sprachen die Befürchtungen, die spezifischen Ängste unterschiedlicher Bevölkerungsgruppen an und gelobten, sie niemals zu vergessen. Dabei hatten sie keine Sekunde das Ganze im Blick oder fragten – mit den Bürgern und an deren Seite: Was geschieht derzeit in der Welt?

Ein Verkaufsgespräch ist folgenlos, repetitiv und von Selbstgewissheit getragen, denn seine Stoßrichtung ist von vornherein klar. Beide Kandidaten zielten auf dieselbe Pointe: Glaubt mir und meinen Versprechungen.

Mit ›Lesen im Buch der Geschichte‹ dagegen meine ich ein gemeinsames Nachdenken über Ereignisse, ihre Ursachen und Folgen, die Diskussion über mögliche Handlungsspielräume (die Geschichte ist in dieser Hinsicht selten großzügig) sowie die Präsentation und Darlegung einer Strategie. Versprechungen ohne all dies sind sträflich.

Vor fünfzig Jahren, sagte Alexandra, hatte das menschliche Leben noch einen anderen Wert.

Warum schließlich wagte es keiner der beiden Hauptkandidaten, von der Geschichte zu sprechen? Darauf habe ich meine eigene kurze Antwort. Madame Royal, weil sie nicht weiß, was sie zu Rosa Luxemburg sagen soll. Und Monsieur Sarkozy, weil er die Strategie des wirtschaftlichen Schocks in petto hat.

Ich betrachte abermals das Gesicht Alexandras, wie sie im Garten saß, und erinnere mich an einen Satz Anton Tschechows, der Arzt war wie sie: »Der Schriftsteller hat die Aufgabe, eine Situation so wahrhaftig zu beschreiben,

... dass der Leser sich ihr nicht mehr entziehen kann.« Wir mit unseren gelebten historischen Erfahrungen, die die politischen Maschinen auszuradieren trachten, müssen heute dieser Leser und Schriftsteller zugleich sein ... es liegt in unserer Macht.

(Juni 2007)

... würde ich leise meine Liebe sagen

Freitag.
Nâzım ich trauere, und ich möchte diese Trauer mit dir
teilen, wie auch du so viele Hoffnungen, so viel Trauer mit
uns geteilt hast.

»Das Telegramm kam nachts,
nur drei Silben:
›Er ist tot.‹«[19]

Ich trauere um meinen Freund Juan Muñoz,[20] einen wunderbaren Künstler, der Skulpturen und Installationen schuf
und achtundvierzigjährig an einem Strand in Spanien gestorben ist.
Ich möchte dich etwas fragen, was mir Rätsel aufgibt.
Wenn jemand eines natürlichen Todes stirbt und nicht ge-
waltsam – durch Mord oder Verhungern –, kommt erst der
Schock, es sei denn die Person war lange krank, dann ein
ungeheures Gefühl des Verlustes, besonders wenn die Person jung ist –

»Der Morgen graut –
doch mein Zimmer
besteht aus einer langen Nacht.«[21]

und dann folgt der Schmerz, der von sich sagt, er höre niemals auf. Doch mit diesem Schmerz kommt klammheim-

lich noch etwas – etwas, das wie ein Witz anmutet, aber keiner ist. (Juan war immer witzig.) Etwas wie eine Sinnestäuschung, es ähnelt ein bisschen der Handbewegung eines Zauberers mit seinem Tuch nach einem Kunststück, eine Leichtigkeit, die das Gegenteil von dem ist, was man empfindet. Verstehst du, was ich meine? Ist diese Leichtigkeit frivol, oder will sie auf etwas Neues hindeuten?

Fünf Minuten, nachdem ich dich dies gefragt hatte, erhielt ich ein Fax von meinem Sohn Yves, ein paar Zeilen, die er soeben für Juan geschrieben hatte:

»Immer erschienst du
mit einem Lachen
und einem neuen Trick.

Immer verschwandest du,
und deine Hände blieben
auf unserem Tisch.
Du verschwandest
und deine Karten blieben
in unseren Händen.

Du wirst wieder erscheinen
mit einem neuen Lachen,
und es wird ein Trick sein.«

Samstag.
Ich bin mir nicht sicher, ob ich Nâzım Hikmet jemals gesehen habe. Ich würde es beschwören, kann den Indizienbeweis aber nicht vorlegen. Ich glaube, es war 1954 in London. Vier Jahre nach seiner Entlassung aus dem Gefängnis, neun Jahre vor seinem Tod. Er sprach auf einer politischen Ver-

sammlung am Red Lion Square. Er sagte ein paar Worte, dann las er einige Gedichte. Manche auf Englisch, andere auf Türkisch. Seine Stimme war kräftig und ruhig, sie klang ausgesprochen persönlich und sehr musikalisch. Aber sie schien nicht aus seiner Kehle zu kommen – jedenfalls nicht in diesem Augenblick. Es war, als hätte er ein Radio in der Brust, das er mit einer seiner großen, leicht zittrigen Hände ein- und ausschaltete. Das ist eine schlechte Beschreibung, denn seine Präsenz und seine Aufrichtigkeit waren deutlich zu spüren. In einem seiner langen Gedichte beschreibt er, wie Anfang der vierziger Jahre in der Türkei sechs Personen eine Symphonie von Schostakowitsch im Radio hören. Drei dieser sechs Personen sind (wie er) im Gefängnis. Es ist eine Live-Übertragung; die Symphonie wird im selben Augenblick in Moskau gespielt, mehrere tausend Kilometer entfernt. Als ich ihn am Red Lion Square seine Gedichte lesen hörte, hatte ich den Eindruck, dass die Worte, die er sagte, ebenfalls vom anderen Ende der Welt kamen. Nicht, weil sie schwer zu verstehen gewesen wären (das waren sie nicht), auch nicht, weil sie undeutlich klangen oder erschöpft (sie hatten die Kraft der Beharrlichkeit), sondern weil sie so gesagt wurden, als triumphierten sie in gewisser Weise über Entfernungen, transzendierten endlose Trennungen. Das *Hier* aller seiner Gedichte ist anderswo.

»In Prag fährt ein Wagen,
ein einspänniges Fuhrwerk,
am Jüdischen Friedhof vorbei.
Der Wagen ist beladen mit der Sehnsucht
          nach einer anderen Stadt,
der Fuhrmann bin ich.«[22]

Noch während er auf dem Podium saß, bevor er aufstand, um zu sprechen, sah man, dass er ein außergewöhnlich kräftiger und großer Mann war. Nicht umsonst nannte man ihn den ›Baum mit den blauen Augen‹. Als er dann aufstand, gewann man den Eindruck, dass er zudem sehr leicht war, so leicht, dass er Gefahr lief zu entschweben. Vielleicht habe ich ihn ja tatsächlich nie gesehen, denn es ist eher unwahrscheinlich, dass Hikmet bei einer Veranstaltung der internationalen Friedensbewegung in London mit mehreren Halteseilen am Podium festgebunden war, damit er auf der Erde blieb. Aber genau das ist meine deutliche Erinnerung. Seine Worte stiegen, sobald sie ausgesprochen waren, in den Himmel auf – die Versammlung war im Freien –, und sein Körper tat, als folgte er den Worten, die er geschrieben hatte, folgte ihnen, wie sie höher und höher über dem Platz nach oben trieben, auf den Funkenspuren der alten, drei oder vier Jahre zuvor ausrangierten Straßenbahnen auf der Theobald's Road.

»Du bist ein Bergdorf in Anatolien,
du bist meine Stadt, die schönste und unglücklichste.
Du bist ein Hilferuf – du bist ja auch mein Land;
Die Schritte, die auf dich zurennen, sind meine.«[23]

Montagmorgen.
Fast alle zeitgenössischen Dichter, die mir in meinem langen Leben etwas bedeuteten, habe ich in Übersetzungen gelesen, selten in ihrer Originalsprache. Ich glaube, vor dem zwanzigsten Jahrhundert hätte das niemand sagen können. Die Debatten darüber, ob Gedichte übersetzbar sind oder nicht, gingen über Jahrhunderte – aber es waren Kammerdebatten, wie Kammermusik. Im Verlauf des

zwanzigsten Jahrhunderts fielen die meisten Kammern in Schutt und Asche. Neue Kommunikationsmittel, die Weltpolitik, Imperialismus, Weltmärkte usw. warfen willkürlich und auf nie dagewesene Weise Millionen Menschen zusammen und rissen Millionen Menschen auseinander. In der Folge änderten sich auch die Erwartungen an das Gedicht; die besten Gedichte wandten sich zunehmend an Leser, die weit und immer weiter entfernt waren.

»Unsere Gedichte
müssen wie Meilensteine
die Straße säumen.«[24]

Im Laufe des zwanzigsten Jahrhunderts wurden viele nackte Gedichtzeilen zwischen Kontinenten, zwischen einsamen Dörfern und fernen Hauptstädten gespannt. Ihr alle wisst das, ihr alle; Hikmet, Brecht, Vallejo, Attila József, Adonis, Juan Gelman ...

Montagnachmittag.
Als ich zum ersten Mal Gedichte von Nâzım Hikmet las, war ich achtzehn, neunzehn Jahre alt. Sie erschienen in London in einer eher unbekannten internationalen Literaturzeitschrift, die von der Kommunistischen Partei Großbritanniens herausgegeben wurde und die ich regelmäßig las. Die Parteilinie bezüglich Lyrik war barer Unsinn, aber die Gedichte und Erzählungen, die darin veröffentlicht wurden, waren oft anregend.

Zu der Zeit war Meyerhold bereits in Moskau im Gefängnis gestorben. Wenn ich ausgerechnet jetzt an Meyerhold denke, dann weil Hikmet ihn verehrte und stark von ihm beeinflusst wurde, als er Anfang der zwanziger Jahre zum ersten Mal nach Moskau reiste ...

»Ich verdanke dem Theater Meyerholds sehr viel. 1925 war ich wieder in der Türkei und organisierte in einem Industriebezirk Istanbuls das erste Arbeitertheater. Während meiner Tätigkeit als Regisseur und Autor an diesem Theater wurde mir klar, dass Meyerhold uns neue Möglichkeiten gezeigt hatte, für und mit dem Publikum zu arbeiten.«

Nach 1937 hatten diese neuen Möglichkeiten Meyerhold das Leben gekostet, aber die Leser der Zeitschrift in London wussten das noch nicht.

Was mich an Hikmets Gedichten beeindruckte, als ich sie entdeckte, war ihr Raum; sie enthielten mehr Raum als alle anderen Gedichte, die ich bis dahin gelesen hatte. Sie beschrieben den Raum nicht; sie durchmaßen ihn, sie überquerten Berge. Es ging in ihnen auch um das Handeln. Sie erzählten von Zweifeln, Einsamkeit, Tod und Trauer, aber diesen Gefühlen folgten Taten, sie waren kein Ersatz für die Tat. Raum und Tat werden eins. Ihre Antithese ist das Gefängnis, und als politischer Häftling in türkischen Gefängnissen schrieb Hikmet sein halbes Lebenswerk.

Mittwoch.
Nâzım, ich möchte dir den Tisch beschreiben, an dem ich arbeite. Ein weißer Gartentisch aus Metall, wie er auf dem Gelände eines *yalı*, einer Sommervilla, am Bosporus stehen könnte. Dieser hier steht auf der überdachten Veranda eines Häuschens in einem Vorort südöstlich von Paris. Das Haus wurde 1938 erbaut, es ist eines von vielen, die damals für Handwerker, Ladenbesitzer und Facharbeiter errichtet

wurden. 1938 warst du im Gefängnis. An einem Nagel über deinem Bett hing eine Uhr. In dem Trakt über dir warteten drei Banditen in Ketten auf ihr Todesurteil. Auf diesem Tisch sind immer zu viele Blätter. Morgens beim Kaffeetrinken versuche ich jedesmal als Erstes, sie wieder in eine Ordnung zu bringen. Rechts von mir steht eine Topfpflanze, die dir bestimmt gefallen würde. Sie hat ganz dunkle Blätter. Ihre Unterseite ist pflaumenblau, die Oberseite vom Licht dunkelbraun verfärbt. Die Blätter sind zu Dreiergruppen angeordnet, als wären es Nachtschmetterlinge – sie sind auch genauso groß wie Schmetterlinge –, die sich von dieser Blüte nähren. Die eigentlichen Blüten der Pflanze sind sehr klein, rosarot und unschuldig wie die Stimmen von Kindern, die in der Grundschule ein Lied lernen. Es ist eine Art Riesenklee. Dieser hier kommt aus Polen, wo er Koniczyna heißt. Ich erhielt die Pflanze von der Mutter eines Freundes, die sie in ihrem Garten nahe der ukrainischen Grenze züchtete. Die Frau hat strahlend blaue Augen und streicht über ihre Pflanzen, wenn sie durch den Garten geht oder im Haus herumläuft, so wie manche Großmütter, die ihren Enkelkindern immerfort über den Kopf streichen müssen.

»Meine Liebe, meine Rosenknospe,
meine Reise begann in der polnischen Ebene.
Ich bin ein kleines Kind,
betrachte mein erstes Bilderbuch;
ich bin ein kleines Kind, voll Freude, voll Staunen;
ich bin ein kleines Kind,
betrachte mein erstes Bilderbuch;
entdecke dabei die Menschen, die Tiere, die Dinge.«[25]

Beim Geschichtenerzählen kommt alles darauf an, was worauf folgt. Und die wahrhaftigste Reihenfolge ist selten die naheliegende. Man muss es immer wieder ausprobieren. Oft viele Male. Deshalb liegen auf dem Tisch auch eine Schere und eine Rolle Tesafilm. Die Tesarolle ist nicht in einem dieser Plastikgehäuse, die das Abreißen eines Streifens erleichtern. Ich muss das Band mit der Schere abschneiden. Es ist immer schwierig, den Anfang des Bandes zu finden, um es abzuziehen. Ich kratze ungeduldig, gereizt mit den Fingernägeln. Habe ich daher einmal den Anfang gefunden, klebe ich ihn an die Tischkante und lasse das Band nach unten rollen, bis es den Fußboden berührt, und so bleibt es dann hängen.

Manchmal gehe ich von der Veranda in das angrenzende Zimmer, wo ich plaudere, esse oder Zeitung lese. Vor ein paar Tagen saß ich in diesem Zimmer, als mir etwas ins Auge fiel, weil es sich bewegte. Ein schmaler Sturz funkelnden Wassers ergoss sich plätschernd auf den Verandaboden unweit der Beine meines leeren Stuhls vor dem Tisch. Auch Alpenströme sind anfangs nicht mehr als solch ein Rinnsal.

Eine Rolle Tesaband, vom Luftzug eines Fensters bewegt, genügt manchmal, um Berge zu versetzen.

Donnerstagabend.

Es ist zehn Jahre her, da stand ich in Istanbul unweit des Bahnhofs Haydarpascha vor einem Gebäude, in dem Verdächtige von der Polizei verhört wurden. Im Obergeschoss wurden politische Gefangene festgehalten und ins Kreuzverhör genommen, manchmal wochenlang. 1938 wurde hier Hikmet ins Kreuzverhör genommen.

Das Gebäude war ursprünglich kein Gefängnis, sondern eine wuchtige Behördenfestung. Es wirkt unzerstörbar und ist erbaut aus Backsteinen und Schweigen. Gefängnisse, die als solche errichtet wurden, haben etwas Bedrohliches, oft aber auch etwas Nervöses, Provisorisches. Das Gefängnis in Bursa zum Beispiel, wo Hikmet zehn Jahre verbrachte, trug wegen seines unregelmäßigen Grundrisses den Spitznamen >das steinerne Flugzeug<. Die gediegene Festung neben dem Bahnhof in Istanbul, auf die ich blickte, hatte verglichen damit die Selbstgewissheit und ruhige Würde eines Monuments des Schweigens.

Wer immer hier drinnen ist und was immer hier geschieht, so verkündete das Gebäude in getragenem Ton, wird vergessen sein, aus den Akten getilgt, begraben in einer Erdspalte zwischen Europa und Asien.

Und in dem Moment begriff ich auch etwas von der einzigartigen und zwingenden Strategie in Hikmets Dichtung: Sie musste ständig ihre eigene Begrenzung überschreiten! Immer und überall haben Gefangene vom Großen Ausbruch geträumt, Hikmets Lyrik tut das nicht. Bevor sie begann, setzte sie das Gefängnis als einen kleinen Punkt auf die Weltkarte.

»Das schönste der Meere
ist jenes, das wir noch nicht sahen.
Das schönste der Kinder
ruht noch in bergender Wiege.
Die Tage, die schönsten,
sind jene, die wir noch nicht lebten.
Und was ich dir sagen möchte,
das Schönste,
ich habe es noch nicht gesagt.«[26]

»Sie nahmen uns gefangen,
warfen uns ins Gefängnis:
ich innerhalb der Mauern,
du außerhalb.
Unsere Sache ist unbedeutend.
Eigentlich das Schlimmste jedoch:
Der Mensch trägt, wissentlich oder unwissend,
das Gefängnis in sich selbst ...
Viele, viele Menschen trieb man so weit,
ehrliche, fleißige, gute Menschen,
die es verdienen, so geliebt zu werden,
wie ich dich liebe.«[27]

Seine Gedichte zogen Kreise wie mit einem Zirkel, mal
eng, dann wieder weit, alles umfassend – nur mit seiner
scharfen Spitze steckte dieser Zirkel in der Gefängniszelle.

Freitagmorgen.
Einmal wartete ich in einem Hotel in Madrid auf Juan
Muños, er hatte sich verspätet, weil er, wie er es mir erklärte, wohl glatt die Zeit vergaß, wenn er nachts schwer
arbeitete wie ein Automechaniker unter seinem Fahrzeug.
Als er schließlich kam, neckte ich ihn also damit, dass er
rücklings unter Autos liege. Später schickte er mir zum
Spaß ein Fax, das ich dir vorlesen möchte, Nâzım. Ich weiß
auch nicht, warum. Aber vielleicht geht mich dieses Warum
gar nichts an. Ich bin nur ein Postbote zwischen zwei Toten.
    »Ich möchte mich Ihnen gern vorstellen – ich bin ein
spanischer Mechaniker (nur Autos, keine Motorräder), der
die meiste Zeit rücklings unter einem Auto liegt und dort
nach dem Rechten schaut! Aber – und das ist das Entschei-

dende – gelegentlich mache ich auch ein Kunstwerk. Nicht dass ich ein Künstler wäre. Nein. Aber ich würde gern aufhören mit diesem Unsinn, unter ölverschmierten Autos herumzukriechen, und der Keith Richard der Kunstwelt werden. Und wenn das nicht geht, würde ich gern so arbeiten wie die Priester, nur eine halbe Stunde und mit Wein.

Ich schreibe Ihnen, weil zwei Freunde (der eine aus Porto, der andere aus Rotterdam) Sie und mich in das Untergeschoss des Boyman-Automuseums und in andere (hoffentlich alkoholreichere) Keller der alten Stadt Porto einladen möchten.

Sie haben auch irgendwas von Landschaft gesagt, das ich nicht verstanden habe. Landschaft! Es war, glaube ich, irgendwas mit fahren und herumschauen oder herumschauen, während man herumfährt ...

Verzeihung, gerade ist ein neuer Kunde gekommen. Wow! Ein Triumph Spitfire!«

Ich höre Juans Lachen durch sein Atelier hallen, wo er mit seinen stummen Figuren allein ist.

Freitagabend.

Manchmal kommt es mir vor, als seien viele der größten Gedichte des 20. Jahrhunderts – Gedichte von Frauen ebenso wie von Männern – die brüderlichsten, die jemals geschrieben wurden. Wenn das stimmt, hat es nichts mit politischen Parolen zu tun. Es trifft auf Rilke zu, der apolitisch war; auf Borges, der ein Reaktionär war; und auf Hikmet, der sein Leben lang Kommunist war. Unser Jahrhundert war ein Jahrhundert beispielloser Massaker, aber die Zukunft, die ihm vorschwebte (und für die es manchmal kämpfte), war die der Brüderlichkeit. Nur sehr wenige Jahrhunderte haben ein solches Angebot vorgelegt.

»Diese Männer, Dino,
die winzige Fitzelchen Licht halten,
wohin gehen sie
in dieser Finsternis, Dino?
Du und auch ich:
Wir sind unter ihnen, Dino.
Auch wir, Dino,
haben einen Blick auf den blauen Himmel erhascht.«[28]

Samstag.

Mag sein, Nâzım, dass ich dich auch diesmal nicht sehe.
Und doch könnte ich es beschwören. Du sitzt mir gegenüber auf der Veranda am Tisch. Ist dir schon einmal aufgefallen, dass die Form eines Kopfes häufig auf das schließen lässt, was in diesem Kopf vorgeht?

Es gibt Köpfe, die gnadenlos die Rechengeschwindigkeit anzeigen. Andere, die ein entschiedenes Festhalten an alten Ideen erkennen lassen. Dieser Tage verraten viele das Unverständnis angesichts eines fortwährenden Verlustes. Dein Kopf – seine Größe und die zusammengekniffenen blauen Augen – scheint mir auf das Nebeneinander vieler Welten mit jeweils anderen Himmeln hinzudeuten, eine Welt innerhalb der anderen; nicht einschüchternd, still und friedlich, vielmehr an Überfülle gewöhnt.

Ich möchte dich zu der Zeit befragen, in der wir heute leben. Vieles, von dem du glaubtest, es würde oder sollte in der Geschichte stattfinden, hat sich als Illusion erwiesen. Der Sozialismus, wie du ihn dir vorstelltest, wird nirgendwo aufgebaut. Der Kapitalismus der Großkonzerne schreitet ungehindert, wenn auch nicht mehr unangefochten, voran, und die Zwillingstürme des World Trade Center wurden in die Luft gesprengt. Die überfüllte Welt wird mit jedem Jahr ärmer. Wo ist heute der blaue Himmel, den ihr gesehen habt, du und Dino?

Ja, antwortest du, diese Hoffnungen sind in Fetzen, aber was macht das schon? Gerechtigkeit ist noch immer ein Ein-Wort-Gebet, wie Ziggy Marley jetzt in deiner Zeit singt. In der Geschichte geht es immer um Hoffnungen, die genährt werden, abhanden kommen, zu neuem Leben finden. Und mit neuen Hoffnungen entstehen neue Theorien. Aber für die Zusammengepferchten, für diejenigen, die wenig oder gar nichts haben außer bisweilen Mut und Liebe, läuft das mit der Hoffnung anders. Hoffnung ist da etwas zum Beißen, etwas, das man sich zwischen die Zähne schieben kann. Vergiss das nicht. Sei Realist. Mit Hoffnung zwischen den Zähnen wächst die Kraft zum Weitermachen, auch wenn die Müdigkeit niemals nachlässt; wächst die Kraft, falls nötig, nicht im falschen Moment zu schreien; wächst vor allem die Kraft, nicht zu heulen. Ein Mensch mit Hoffnung zwischen den Zähnen ist ein Bruder oder eine Schwester, die Respekt gebieten. Diejenigen ohne Hoffnung sind in dieser Welt zum Alleinsein verurteilt. Bestenfalls können sie Mitleid bieten. Und ob diese Hoffnungen zwischen den Zähnen frisch sind oder in Fetzen, ist ohne Belang, wenn es darum geht, die Nächte zu überstehen und an einen neuen Tag zu glauben. Hast du Kaffee?

Ich mache welchen.

Ich verlasse die Veranda. Als ich mit zwei Tassen aus der Küche zurückkomme – es ist türkischer Kaffee –, bist du fort. Auf dem Tisch, gleich neben dem angeklebten Tesaband, liegt ein Buch, die Seite mit einem Gedicht aufgeschlagen, das du 1962 geschrieben hast.

»Wäre ich eine Platane,
    würde ich in ihrem Schatten ausruhen.
Wäre ich ein Buch,
    würde ich lesen, ohne mich in schlaflosen Nächten
    zu langweilen.
Ein Bleistift möchte ich nicht sein,
    nicht einmal zwischen meinen eigenen Fingern.
Wäre ich eine Tür,
    würde ich mich für die Guten öffnen
    und für die Bösen verschließen.
Wäre ich ein Fenster, ein weit offenes Fenster
    ohne Vorhänge,
    würde ich die Stadt in mein Zimmer holen.
Wäre ich ein Wort,
    würde ich nach dem Schönen, dem Gerechten,
    dem Wahren rufen.
Wäre ich ein Wort,
    würde ich leise meine Liebe sagen.«[29]

(Januar 2002)

Anmerkungen

1 Mahmud Darwish, *Wir reisen wie alle Menschen*, in: *Wir haben ein Land aus Worten. Ausgewählte Gedichte 1986–2002.* Aus dem Arabischen übersetzt und herausgegeben von Stefan Weidner, Zürich: Ammann 2002, S. 21.

2 Jassir Arafat starb am 11. November 2004, lebte also im Juni 2003 noch, als Berger den Text schrieb (Anm. d. Ü.).

3 *La Rabbia*, produziert von Gastone Ferranti (OPUS Film), Ausstrahlung: Galata, 1963 sowie 3sat, November 2005.

4 Andrej Platonow, *Die Kuh*, in: Ders., *In der schönen und grimmigen Welt. Ausgewählte Prosa.* Aus dem Russischen von Larissa Robiné, Berlin: Volk und Welt, 3. Auflage 1981, S. 436.

5 Andrej Platonow, *Das Volk Dshan*, in: Ders., *Das Volk Dshan. Der Takyr. Die Baugrube. Erzählungen, Briefe, Fotodokumente.* Aus dem Russischen von Kay Borowsky, Berlin: Oberbaum 1992, S. 139.

6 Ebd., S. 109–110.

7 Aus der Geschichte *Wool Over The Eyes* von Andrej Platonow, zitiert nach *The Portable Platonov*, ins Englische übersetzt von Robert und Elizabeth Chandler, Birmingham: Glas Publishers 1999.

8 Andrej Platonow, *Das Volk Dshan*, a.a.O., S. 159–160.

9 Ebd., S. 20.

10 Andrej Platonow, *Der dritte Sohn*, in: Ders., *In der schönen und grimmigen Welt. Ausgewählte Prosa*, a.a.O., S. 135.

11 Andrej Platonow, *Fro*, in: Ders., *In der schönen und grimmigen Welt. Ausgewählte Prosa*, a.a.O., S. 146.

12 Ebd., S. 161.

13 In Gleneagles, Schottland, fand vom 6. bis 8. Juli 2005 der 31. G8-Gipfel statt, der von den Anschlägen auf die Londoner U-Bahn am 7. Juli 2005 überschattet wurde (Anm. d. Ü.).

14 Guy Debord, *La société du spectacle*, Paris: Buchet/Chastel 1967.

15 Gareth Evans, ›Hold Everything Dear‹, geschrieben am 19. Mai 2005, Erstveröffentlichung in der englischen Vorlage der Über-

setzung dieses Bandes: John Berger, *Hold Everything Dear. Dispatches on survival and resistance*, London/New York: Verso 2007.

16 Rebecca Solnit, *Hoffnung in der Dunkelheit. Unendliche Geschichten, wilde Möglichkeiten*. Aus dem Amerikanischen von Michael Mundhenk, München/Zürich: Pendo 2005, S. 158.

17 Naomi Klein, *The Shock Doctrine. The Rise of Disaster Capitalism*, New York: Metropolitan Books 2007, deutsch unter dem Titel *Die Schock-Strategie. Der Aufstieg des Katastrophen-Kapitalismus*, Frankfurt/Main: S. Fischer 2007.

18 1932–1976, ermordet in Washington durch Agenten der chilenischen Geheimpolizei DINA (Anm. d. Ü.).

19 Nâzım Hikmet, *The Moscow Symphony and Other Poems*. Aus dem Türkischen ins Englische übersetzt von Taner Baybars, London: Rapp and Whiting 1970.

20 Gestorben am 28. August 2001 auf Ibiza.

21 Nâzım Hikmet, *The Moscow Symphony and Other Poems*. Aus dem Türkischen ins Englische übersetzt von Taner Baybars, London: Rapp and Whiting 1970.

22 Nâzım Hikmet, *Die Zeiten in Prag. Die Morgendämmerung*, in: *Eine Reise ohne Rückkehr*. Aus dem Türkischen von Helga Dağyeli-Bohne und Yıldırım Dağyeli, Frankfurt/Main: Dağyeli, 1. Auflage 1989, S. 59f.

23 Nâzım Hikmet, *Poems of Nâzım Hikmet*. Aus dem Türkischen ins Englische übersetzt von Randy Blasing und Mutlu Konuk, New York: Persea Books 1994.

24 Nâzım Hikmet. Aus dem Türkischen ins Englische übersetzt von John Berger.

25 Nâzım Hikmet, *Brief aus Polen*, in: *Eine Reise ohne Rückkehr*. Aus dem Türkischen von Helga Dağyeli-Bohne und Yıldırım Dağyeli, Frankfurt/Main: Dağyeli, 2. Auflage 2001, S. 25.

26 Nâzım Hikmet, *Das schönste der Meere*. Aus dem Türkischen von Annemarie Bostroem, in: *Nâzım Hikmet*, hrsg. vom Türkenzentrum Berlin (West), Berlin: ElefantenPress 1982, S. 218.

27 Nâzım Hikmet, *26. September 1945*, in: *Das schönste Meer ist das noch nicht befahrene. Liebesgedichte*. Aus dem Türkischen von Helga Dağyeli-Bohne und Yıldırım Dağyeli, Frankfurt/Main: Dağyeli, 1. Auflage 1989, S. 75.

28 Nâzım Hikmet, *On a painting by Abidine, entitled The Long March*. Aus dem Türkischen ins Englische übersetzt von John Berger.

29 Nâzım Hikmet, *Under the Rain*. Aus dem Türkischen ins Englische übersetzt von Özen Ozüner und John Berger.

▌ Politik bei Wagenbach

Politik bei Wagenbach greift das wiedererwachende Interesse an Politik auf und gibt unabhängigen Köpfen Raum, gesellschaftliche Entwicklungen kritisch zu reflektieren und neue Entwürfe zu denken. Sie wirkt damit der apolitischen Tendenz der postmodernen Gesellschaft entgegen und zeigt, was linke Politik heute bedeuten kann. In kurzen, prägnanten und gut lesbaren Texten sollen junge und neue Stimmen zu Wort kommen, ebenso wie erfahrene Autoren. Für eine Kultur der Einmischung und der leidenschaftlichen, auch widersprüchlichen Auffassungen. Die Reihe *Politik bei Wagenbach* steht damit in der Tradition der politischen Bücher des Verlages.

Christoph Möllers
Demokratie – Verspechen und Zumutungen

Warum leben wir in einer Demokratie? Aus guten Gründen oder aus schlechter Gewohnheit? Warum sind wir von demokratischer Politik so oft enttäuscht? Weil sie versagt oder weil wir uns keine Rechenschaft darüber ablegen, was wir von ihr erwarten können?
WAT 580. 128 Seiten

Albrecht von Lucke   68 oder neues Biedermeier
Der Kampf um die Deutungsmacht

Wer urteilt wie über 68 – und zu welchem Zweck? Eine pointierte Darstellung einer bis heute aufgeladenen Debatte. Von Luckes Buch ist keine Geschichte der 68er, sondern eine Darstellung von deren Wirkung und Beurteilung – von der Gewaltdebatte der 70er Jahre bis zur aktuellen Diskussion um die Neue Bürgerlichkeit.
WAT 582. 96 Seiten

Paul Ginsborg   Wie Demokratie leben

Ausgehend von einem fiktiven Dialog zwischen John Stuart Mill und Karl Marx, stellt sich Ginsborg den notwendigsten Fragen der Demokratie heute. Unsere Demokratien – so sein Fazit – müssen dringend reformiert werden, sei es in der Zivilgesellschaft, im Staat oder in der Europäischen Union.
Aus dem Italienischen von Friederike Hausmann
WAT 581. 128 Seiten

Politik bei Wagenbach

Erich Fried   Politische Gedichte
Vietnam, Israel, Deutschland

Das große Geschenk Frieds an die deutsche Literatur: die Wiedergewinnung des durch die Nazis vergifteten Bodens für das politische Gedicht. Vorzüglich ausgewählt von Christoph Buchwald werden die wichtigsten Gedichte vorgestellt, insbesondere die sogenannten >umstrittenen< wie *Höre Israel*, *Die Anfrage* oder die *Vietnamgedichte.*
Neu zusammengestellt, kommentiert und mit einem Nachwort von Christoph Buchwald.
WAT 584. 96 Seiten

Ulrike Marie Meinhof
Die Würde des Menschen ist antastbar
Aufsätze und Polemiken

Entschiedener Journalismus, der nicht vor den Höhen der Macht skandiert, sondern politischen Widerspruch aufzufinden versteht, und zugleich ein Abriss deutscher Nachkriegsgeschichte: die Analyse der Unfähigkeit der Verarbeitung des Nazismus und die eilige Rekonstruktion der Macht, die Beschreibung des Verkümmerns der Demokratie am Fall des Einzelnen – seine Würde wird antastbar.
Mit einem Nachwort von Klaus Wagenbach. WAT 491. 192 Seiten

Peter Brückner   Ungehorsam als Tugend
Zivilcourage, Vorurteil, Mitläufer

Die politisch-psychologischen Analysen Brückners sind nicht nur ein Dokument für die Streitbarkeit der 68er. Diese Auswahl der wichtigsten Texte zeigt, dass Brückners Positionen durch ihre beintellektuelle Schärfe heute noch aktuell sind, insbesondere durch ihre Themen: Vorurteil, Mitläufertum, Zivilcourage, Gehorsam.
Mit einem Vorwort von Barbara Sichtermann. WAT 585. 144 Seiten

POLITIK und GESCHICHTE

Victor Zaslavsky   Klassensäuberung
Das Massaker von Katyn

Die kühle und schockierende Analyse eines stalinistischen Massenmordes: Während der Perestroika mühsam zugegeben, wurden die Archive unter Putin wieder geschlossen, mit der Begründung, »eine demographische Motivation hat es nicht gegeben.«

Aus dem Italienischen von Rita Seuss
WAT 579. 144 Seiten

Patrizia Nanz / Hannah Arendt
Wahrheit und Politik

In der Vorstellung des normalen Bürgers sind Wahrheit und Politik unvereinbar, Lügen scheint vielmehr zum Handwerk des Politikers zu gehören. Haben wir vielleicht eine grundsätzliche Abneigung gegenüber Tatsachen, die nicht unser Gefallen finden?

WAT 553. 80 Seiten

Paul Ginsborg   Berlusconi
Politisches Modell der Zukunft oder italienischer Sonderweg?

Seit Berlusconis Ministerpräsidentschaft wird über die Frage gestritten: Handelt es sich um einen italienischen Sonderfall von Klientelwirtschaft und Bestechung – oder ist Italien der smarte Vorreiter eines Modells der Verbindung von Medienkontrolle, Konsum und politischer Macht?

Aus dem Englischen von Friederike Hausmann
WAT 497. 192 Seiten mit einer Chronik

Hans J. Nissen/Peter Heine   Von Mesopotamien zum Irak
Kleine Geschichte eines alten Landes

Das Gebiet des heutigen Irak mit seinen Ölvorkommen ist gleichzeitig das Land einer frühen Hochkultur. Zwischen Euphrat und Tigris entstanden die ersten Städte, das erste Gesetz, die erste Schrift.

Eine Einführung in die Geschichte einer Region, von der mesopotamischen Hochkultur bis zum Sturz Saddam Husseins.

WAT 483. 192 Seiten mit zahlreichen Abbildungen

JOHN BERGER bei WAGENBACH

Das Kunstwerk
Über das Lesen von Bildern
Acht Kurzkurse des bedeutenden englischen Kunstkritikers über das
vergleichende Sehen, die Augen der Maler und die Einsamkeit der
Betrachters.
Mit zahlreichen Abbildungen: ein Hand- und Bilderbuch für den
Umgang mit Kunst und den Besuch im Museum.
Aus dem Englischen von Kyra Stromberg
SVLTO. Rotes Leinen. Fadengeheftet. 96 Seiten mit Abbildungen

Das Leben der Bilder oder Die Kunst des Sehens
Ein nützliches Begleitbuch für den durch Kunstgalerien, Ausstellun-
gen und Museen flanierenden kunstinteressierten Laien.
Was erzählen die Sonntagsanzüge der Westerwälder Bauern auf
August Sanders berühmten Photo? Was bedeuten die Bauern auf
den Bildern von Millet, was ihre Abwesenheit auf den Gemälden
von de la Tour? Warum sehen wir Tiere an, und wie sehen sie uns?
Bergers unorthodoxe Weise seiner Bildbegegnungen ist eine Auf-
forderung an den Leser, selbst andere, neue Formen der Wahrneh-
mung zu entwickeln, eine Art zweiten, »lesenden« Blick.
Aus dem Englischen von Stephen Tree
SVLTO. Rotes Leinen. Fadengeheftet. 132 Seiten mit Abbildungen

Wenn Sie mehr über den Verlag und seine Bücher wissen möchten,
schreiben Sie uns eine Postkarte (mit Anschrift und ggf. e-mail).
Wir verschicken immer im Herbst die *Zwiebel*, unseren Westenta-
schenalmanach mit Gesamtverzeichnis, Lesetexten aus den neuen
Büchern und Photos. *Kostenlos!*

Verlag Klaus Wagenbach   Emser Str. 40/41   10719 Berlin
www.wagenbach.de

Die englische Originalausgabe erschien 2007 unter dem Titel *Hold Everything Dear. Dispatches On Survival And Resistance* bei Verso in London.
Für die deutsche Ausgabe hat der Autor Auswahl und Titel verändert.

© 2007 John Berger
© 2008 für die deutsche Ausgabe:
Verlag Klaus Wagenbach, Emser Straße 40/41, 10719 Berlin
Umschlaggestaltung Julie August unter Verwendung einer Photographie von Maria Nadotti, die John Berger mit seiner Enkelin an der Mauer in Kalqiliya im Westjordanland zeigt.
Zeichnungen S. 2 und S. 110: John Berger
Gesetzt aus der Janson.
Vorsatzpapier von Peyer Graphic, Leonberg
Gedruckt auf chlor- und säurefreiem Papier (Schleipen) und gebunden von Pustet, Regensburg.
Printed in Germany. Alle Rechte vorbehalten.

ISBN 978 3 8031 3626 8